RÉVEIL RELIGIEUX

DE

L'ANGLETERRE

AU DIX-HUITIÈME SIÈCLE

OU

LADY HUNTINGDON ET SES AMIS.

TRADUIT DE L'ANGLAIS.

TOULOUSE,
SOCIÉTÉ DES LIVRES RELIGIEUX.
Dépôt : rue du Lycée, 14.

1858.

RÉVEIL RELIGIEUX

DE L'ANGLETERRE

AU DIX-HUITIÈME SIÈCLE

OU

LADY HUNTINGDON ET SES AMIS.

2TC

PUBLIÉ PAR LA SOCIÉTÉ DES LIVRES RELIGIEUX
DE TOULOUSE.

TOULOUSE, IMPRIMERIE DE A. CHAUVIN, RUE MIREPOIX, 3.

RÉVEIL RELIGIEUX

DE L'ANGLETERRE

AU DIX-HUITIÈME SIÈCLE

OU

LADY HUNTINGDON ET SES AMIS.

CHAPITRE Ier.

Enfance de lady Huntingdon.

Un jour une petite fille accompagnait à la tombe une de ses amies, compagne de ses jeux d'enfant. A la vue des symboles funèbres et de la pompe du convoi, elle éprouve dans son âme un saisissement profond ; bientôt elle entend avec terreur le bruit de la terre tombant sur le cercueil ; à ce bruit, succèdent, comme un épouvantable écho, ces pa-

roles solennelles : LA TERRE RETOURNE A LA TERRE, LA
CENDRE A LA CENDRE, LA POUDRE A LA POUDRE ! — Dès
ce moment, la jeune fille considéra la vie et la mort
comme étroitement liées ensemble. L'éternité, cet
abîme sans fond, cet océan sans rivages, qui est
au-delà de la tombe, s'offrit pour la première fois à
son esprit alarmé. Son jeune cœur fut amolli ; il
plia et se sentit dompté. « O Dieu, se disait-elle avec
anxiété, mais en retenant le cri de son émotion,
ô Dieu ! sois MON Dieu, quand viendra ma dernière
heure ! » Rien n'effaça jamais l'impression qu'elle
reçut dans cette circonstance. Ni les brillantes perspectives que fit luire à ses yeux l'aurore de sa
vie, ni les réalités plus brillantes encore que lui
apporta un mariage très-avantageux, ne purent en-
dormir dans les joies du monde cet esprit une fois
réveillé. Aucune prospérité terrestre ne satisfit la
soif de cette âme, altérée de son Dieu. Elle se re-
garda désormais comme étrangère dans ce monde,
comme un enfant, errant loin de la maison de son
père. En un mot, elle sentit que quelque chose lui
manquait.

Cette enfant était Sélina Shirley, seconde fille du

comte Ferrars. Elle naquit à Chartley, le 24 août
1707. Dès sa plus tendre enfance, elle portait déjà
sur ses traits quelque chose de sérieux peu en rapport avec son âge. Et cette disposition méditative
n'était pas simplement un de ces vagues penchants
à la rêverie, un de ces sentiments vaporeux et poé-
tiques qu'enfante quelquefois la solitude, l'admiration de l'antiquité ou l'amour passionné des arts : la
jeune fille nourrissait son cœur de pensées plus importantes et plus salutaires. Elle aimait à visiter la
pierre verte qui recouvrait les restes de son amie ;
souvent elle se retirait hors de la vue de ses sœurs,
dans un lieu écarté, et là, n'ayant d'autre témoin
que son Dieu, elle exhalait son âme en ardentes
prières. Sélina, dans son éducation, n'avait pas été
dirigée vers la piété ; cependant elle lisait la sainte
Ecriture avec zèle et ferveur, espérant y découvrir
ce qui pourrait satisfaire les aspirations et les besoins
de son âme. Elle était assurée qu'il existait quelque
part des biens plus parfaits, des joies plus pures,
un amour plus élevé que les biens, les joies et
l'amour de la terre ; ses instincts religieux la portaient à chercher plus haut la lumière et la chaleur ;

mais où pouvait-elle les trouver? Personne autour
d'elle ne connaissait son trouble intérieur ; personne
surtout n'était capable de la guider « vers le baume
qui est en Galaad. »

A vingt et un ans, elle épousa Théophile, comte
de Huntingdon, jeune homme remarquable. par la
noblesse de son caractère et de ses sentiments. Par
cette alliance, Sélina se trouva unie à une famille
dont les goûts et les principes étaient en harmonie
avec les siens; mais en même temps elle se vit lan-
cée dans les splendeurs et les agitations de la vie
aristocratique.

Twickenham, résidence de sa tante lady Fanny
Shirley, était un des cercles littéraires de l'époque.
C'est là que Sélina fit connaissance avec les poètes,
les hommes d'esprit et les écrivains dont les noms
étaient alors illustres dans la littérature. Parmi ses
amis, nous signalerons la fameuse duchesse de Malborough, dont les talents n'étaient égalés que par
l'impétuosité de son caractère; lady Mary Wortley
Montague, dont le nom a été transmis à la postérité, tant par ses lettres que par ses excentricités;
enfin, Marguerite, fille du comte d'Oxford, protec-

trice de la littérature et amie de miss Robinson, qui
fut plus tard la belle et spirituelle Mme Montague.

La jeune lady Huntingdon, par ses talents et sa
grâce, semblait destinée également à briller d'un vif
éclat dans les cercles les plus élégants de l'Angleterre.
Nous ne savons point quel degré de célébrité elle eût
acquis si elle se fût mêlée au tourbillon de la mode,
des intrigues politiques ou des partis littéraires;
mais une gloire bien autrement désirable lui était
réservée; son nom est à jamais étroitement uni à la
cause du Rédempteur; elle compte parmi ceux qui
ont aimé le Seigneur Jésus et travaillé à son service.

Durant les premières années de son mariage,
au milieu des scènes diverses de la campagne et
de la ville, le but constant des efforts de lady Huntingdon fut de conserver une conscience pure. Elle
chercha à remplir, avec une scrupuleuse exactitude,
les devoirs de sa position; sincère et droite en toutes
choses, elle priait, jeûnait, secourait les pauvres, se
montrait affable, prévenante, charitable. Lorsqu'elle
se trouvait à la somptueuse résidence d'été du comte,
à Donnington-Park, Ashby de la Zouch, comté de
Leicester, elle était la providence du voisinage; elle

luttait contre ses penchants naturels et contre les
tentations auxquelles elle était exposée; elle cherchait à régler sur le divin modèle sa vie spirituelle
et extérieure. Mais, malgré tous ses efforts, lady
Huntingdon était-elle heureuse? Hélas! non; car si
le désir continuel de vivre dans la crainte de Dieu
donnait de l'énergie à son intelligence, son cœur ne
possédait pas encore cette foi qui délivre l'âme de la
crainte du jugement de Dieu. Quelquefois, il est
vrai, son amour-propre était satisfait par cette pensée: *J'ai fait le bien*; mais à d'autres moments,
elle ne pouvait étouffer les murmures de sa conscience, qui lui adressait cette question: *As-tu fait
tout le bien que tu aurais dû faire ?*

C'est ainsi que s'écoula la jeunesse de lady Huntingdon. Plusieurs enfants étaient venus apporter à
sa belle demeure de nouvelles joies et de nouveaux
soucis. Aucun bien terrestre n'avait été refusé aux
jeunes époux, mais ils n'abusaient pas de ces biens:
la dignité, la modération et la plus grande réserve
présidaient dans les diverses habitations du comte.
On aurait pu dire de sa femme que, placée parmi
les femmes de son temps, *elle les surpassait tou-*

tes (1); cependant son cœur connaissait sa propre amertume ; il était sous le poids d'un lourd fardeau.

Lord Huntingdon avait plusieurs sœurs dont les goûts relevés et les excellentes dispositions leur assuraient un bon accueil dans sa famille; lady Huntingdon avait trouvé en elles des cœurs sympathiques. L'une d'elles, lady Marguerite, arriva un jour de Ledstone-Hall, apportant avec elle un trésor nouveau. Quoique toujours la même, elle était devenue une nouvelle créature. Plusieurs villes du comté d'York, et entre autres Ledstone, avaient eu le privilége d'être visitées par un homme de Dieu, puissant par sa piété. Il annonçait les grandes doctrines du salut avec une profonde et intime conviction de leur importance. Il allait de ville en ville, de hameau en hameau, de maison en maison, prêchant la repentance envers Dieu et la foi en notre Seigneur Jésus-Christ. Les hommes s'arrêtaient pour prêter l'oreille à ses messages; les membres du clergé se réveillaient de leur sommeil spirituel, les uns pour recevoir une impulsion salutaire, les autres

(1) Prov., XXXI, 29.

pour chasser de leurs Eglises le nouveau prédicateur. La renommée de ce pasteur zélé parvint aux oreilles des sœurs de Ledstone-Hall, qui soupirèrent, elles aussi, après la manne vivifiante. M. Ingham fut invité à prêcher dans l'église de Ledstone, et ses paroles tombèrent dans un terrain bien préparé ; ses appels simples et pénétrants alarmèrent les consciences et touchèrent les cœurs. Marguerite Hastings reçut la vérité telle qu'elle est en Jésus ; son christianisme ne fut plus une simple profession extérieure, une croyance formaliste, mais, par une nouvelle naissance, elle devint membre de la famille spirituelle de Christ et eut part à l'héritage céleste.

Ce fut, animée de cette vie nouvelle, qu'elle arriva dans la maison de son frère. Quel monde nouveau ne va-t-elle pas découvrir aux yeux de lady Huntingdon ! quels trésors d'espérances et de priviléges ne va-t-elle pas lui révéler !

Le pardon par un Sauveur crucifié, la paix que le monde ne peut ni donner ni ôter, voilà ce que lady Marguerite apportait avec elle.

Un jour, en s'entretenant avec sa belle-sœur, ce cri s'échappe de ses lèvres : « Depuis que je crois

au salut qui est en Jésus-Christ, je suis aussi heureuse qu'un ange! » — Ce beau témoignage de
la foi parut étrange à lady Huntingdon ; les paroles
de Marguerite ne trouvaient point d'écho dans son
cœur ; elles lui semblaient empruntées au langage
d'un pays inconnu ; rien en elle n'y répondait. Elle
se sentait complètement étrangère aux douces assu-
rances qui avaient calmé l'âme de sa belle-sœur et
répandu dans son esprit ténébreux un rayon de la
lumière céleste.

Lady Huntingdon fut alarmée. Etait-il possible
qu'ayant mené depuis sa jeunesse une vie religieuse,
elle n'eût point connu le véritable chemin qui mène
à Dieu ?... N'avait-elle pas agi, n'avait-elle pas lutté
contre ses penchants mauvais ? Et cependant, elle
ne pouvait se le dissimuler, le sentiment de ce qui
lui manquait encore oppressait continuellement son
âme. En vain redoublait-elle d'austérités et de ri-
gueurs dans le but d'étouffer cette conviction intérieure de son état de péché : il lui semblait que
chaque nouvel effort pour régler sa vie sur les
lois de Dieu augmentait la distance qui la sépa-
rait du divin législateur. Sans bien s'en rendre

compte, elle se sentait en dehors de l'alliance de grâce. Au milieu de ces combats intérieurs, lady Huntingdon tomba malade. Après plusieurs jours et plusieurs nuits de souffrance, se croyant sur le bord de la tombe, la terreur de la mort s'empara d'elle. « C'était en vain, dit un de ses biographes, qu'elle pensait à sa conduite exemplaire. C'était en vain qu'elle rappelait à son esprit les nombreux éloges donnés à sa piété enfantine. Sa propre justice, loin de la justifier devant Dieu, semblait aggraver sa condamnation. »

Elle resta longtemps dans ce pénible état, entourée de tous les soulagements que pouvaient lui procurer les soins les plus intelligents et les plus tendres, mais souffrant dans son âme d'une maladie sur laquelle aucun secours humain n'avait de prise. N'y avait-il donc point de baume en Galaad? N'y avait-il point de médecin capable de bander les plaies de son âme?

Ce fut alors que les paroles de lady Marguerite revinrent à son esprit avec une signification toute nouvelle : « — Je me jetterai aussi dans les bras de Jésus-Christ pour obtenir la vie et le salut ! » Tel fut son dernier refuge, et elle éleva son cœur à Dieu pour implorer grâce et pardon par le sang de son Fils. Elle se confia en son Sauveur et s'écria avec larmes : « *Seigneur, je crois, aide-moi dans mon incrédulité.* » Aussitôt les écailles tombèrent de ses yeux ; les doutes et la détresse disparurent ; son cœur fut rempli de joie et de paix. Avec une foi qui s'appropriait les promesses de l'Evangile, elle put s'écrier : « *Mon Seigneur et mon Dieu !* » — Au même moment une crise favorable s'opéra dans sa maladie, en sorte qu'elle fut bientôt rendue à la santé et à une vie nouvelle.

Lady Huntingdon, nous l'avons déjà dit, s'était tenue en dehors des corruptions d'une société mondaine ; comme épouse et comme mère, elle avait toujours été irréprochable ; néanmoins la transformation que la grâce de Dieu opéra en elle fut visible pour tous ceux qui l'entouraient. La charité et l'humilité adoucirent les aspérités de son caractère naturel, et la sympathie ardente dont son cœur était capable, se tourna vers le peuple de Dieu. « Mon Dieu, je me donne entièrement à toi ! » telle fut désormais la pensée qui dirigea sa vie.

A l'époque du mariage de lady Huntingdon, l'université d'Oxford renfermait un petit nombre d'étudiants qui avaient saisi les grandes vérités de l'Evangile et qui, vivant daus la prière, le jeûne et le renoncement, luttaient, comme Jacob, en vue de la bénédiction céleste. Scandalisés du ton railleur de leurs condisciples et des motifs peu élevés qui les poussaient vers la carrière ecclésiastique ; dégoûtés d'ailleurs à la vue de la piété futile qui s'étendait de la chaire à toutes les parties de l'Eglise, ils se demandèrent : « L'Evangile de Jésus-Christ ne renferme-t-il donc pas quelque chose de plus saint, de plus élevé ? N'est-il pas tout-puissant pour racheter du péché et pour ennoblir l'homme par l'assurance d'une vie éternelle ? » — Prenant alors la religion au sérieux, ils acceptèrent la Bible franchement, sans en rien retrancher et sans rien y ajouter ; ils l'acceptèrent dans son ensemble, comme la charte de leurs privilèges, comme le message qui dénonce à un monde déchu les terribles menaces du Seigneur. En un mot, ces jeunes chrétiens se donnèrent au service de Dieu avec intégrité de cœur : aussi n'est-il pas étonnant qu'à cette époque de scepticisme et de légèreté, leur adhésion ferme et dévouée aux principes de la vraie piété, attirât sur eux la disgrâce de leurs supérieurs et les moqueries de leurs condisciples. Mais les railleries et les injures n'effrayaient pas des hommes tels que Whitefield, Wesley et leurs amis. Riches de cette grâce, assurée par le Père des esprits aux disciples qui attendent son Fils avec foi et patience, ils devaient bientôt remuer toutes les parties de l'Angleterre, par l'éloquence brûlante de leur prédication.

Après avoir quitté Oxford, ils prirent différentes routes : Whitefield se rendit à Bristol, Ingham dans le comté d'York, Wesley à Londres, et ils commencèrent dès-lors à faire entendre ces appels courageux et énergiques qui devaient produire, sous la bénédiction de Dieu, un si beau réveil dans leur patrie.

Au bout d'un certain temps, Ingham et les deux frères Wesley se rendirent dans la Géorgie ; et après avoir travaillé deux ans dans cette contrée lointaine, avec plus de zèle que de succès, ils revinrent en Angleterre. Pendant leur voyage et leur séjour à l'étranger, ils firent la connaissance de quelques missionnaires moraves, dont la piété simple gagna

leur confiance et leur affection. Arrivés à Londres,
ils se hâtèrent de visiter la chapelle morave. C'est
de cette époque que commença véritablement la
carrière de Wesley ; mais il ne demeura pas longtemps dans cette position. Il fonda un camp nouveau au milieu de l'armée chrétienne et imprima un
caractère particulier à cette rénovation religieuse si
nécessaire à l'Eglise, pour maintenir son influence,
et pour hâter sa marche dans la conquête du monde.

Marguerite Hastings était disciple de M. Ingham :
il n'est donc pas étonnant que lady Huntingdon,
ayant reçu des lèvres de cette chrétienne zélée le
joyeux message de la foi qui sauve, ait éprouvé le
désir de s'éloigner de l'enseignement froid et formaliste de ses anciens guides spirituels, pour se
rapprocher des nouveaux. Après sa guérison, elle
appela auprès d'elle John et Charles Wesley, s'intéressa vivement à leurs travaux et implora la bénédiction de Dieu sur les efforts qu'ils faisaient pour
appeler les hommes à la repentance et au salut.
C'était en 1739 ; lady Huntingdon avait alors trente-
deux ans.

Les nouveaux prédicateurs trouvèrent en elle une

amie ardente à les défendre et à seconder leurs travaux. A ses yeux, les réformes n'avaient rien de
redoutable, puisque l'Eglise était endormie et tombait
en ruines. Ces pasteurs missionnaires s'efforçaient ,
dans leurs prédications énergiques, de satisfaire à
tous les besoins de l'époque ; ils s'adressaient tour-à-
tour à la population dégradée de Londres et aux
paysans arriérés du nord de l'Angleterre. Leur zèle
formait un frappant contraste avec l'engourdisse-
ment du clergé mondain ; il était aussi un éclatant
reproche à la complète indifférence apportée à la
culture morale de ces milliers d'ouvriers qui peu-
plaient les grandes cités du royaume.

Le comte et sa femme devinrent les auditeurs
assidus de Wesley. Mais lady Huntingdon, tout en
éprouvant beaucoup de charme dans la société de
ses nouveaux amis, ne négligeait point ses anciennes connaissances ; elle leur annonçait avec chaleur
cet Evangile qui était si précieux à son âme. Les
réponses que reçurent quelquefois ses exhortations
formeraient une page curieuse dans les annales dé
l'orgueil humain.

« Vos prédicateurs nous apportent des doctrines

» tout-à-fait repoussantes, écrit l'orgueilleuse du-
» chesse de Buckingham ; il faut qu'ils possèdent une
» forte dose d'incivilité et d'impertinence envers
» leurs supérieurs, puisqu'ils s'efforcent ainsi de
» niveler les rangs de la société et d'effacer toutes
» distinctions. C'est vraiment affreux de s'entendre
» dire qu'on a un cœur aussi corrompu que les mi-
» sérables qui rampent dans la poussière ! Quelle
» indignité ! Je suis surprise qu'une dame de votre
» condition puisse partager des vues aussi contrai-
» res à la noblesse et à la bonne éducation. »

« Vous êtes bien aimable, madame, disait la mal-
» heureuse duchesse de Malborough, de vous inté-
» resser à mon état religieux. Dieu sait que nous
» avons tous besoin de nous réformer et personne
» plus que moi. J'ai assisté à de grandes révolu-
» tions, — dans lesquelles j'ai moi-même joué un
» certain rôle ; — et maintenant je suis vieille, et je
» compte sur la miséricorde de Dieu, tout autant
» que je compte peu sur celle des hommes. Je vou-
» drais, en vérité, trouver le bien : mais où le
» chercher parmi les fils d'Adam?... C'est à vous de
» me diriger, madame. Cependant, il faut l'avouer,

» des femmes nobles qui ont eu de l'esprit, de la
» beauté, supportent difficilement les vérités humi-
» liantes que vous avez embrassées. Notre orgueil en
» est révolté. Et pourtant, il faut mourir, — il faut
» se mettre en communication intime avec la terre
» et avec les vers.... Je ne trouve aucune sympa-
» thie dans ma famille, et quand je suis seule, mes
» réflexions me tuent. J'en suis réduite à rechercher
» la société de ceux que je méprise et que j'abhorre.
» C'est demain soir que lady Frances Sanderson
» donne son grand bal; tout le monde y sera et il
» faut que j'y aille aussi. J'ai autant d'aversion pour
» cette femme que pour un médecin; mais j'irai
» chez elle, ne serait-ce que pour la mortifier et lui
» donner du dépit. C'est bien mal, je le sais, mais
» je vous confesse mes petites misères; je compte
» sur votre bonté et sur votre indulgence. »

Telle était donc l'amertume qu'éprouvait à la fin
de sa vie une personne qui avait été la compagne
de princesses, l'ornement de la cour! Oh! qu'elle
est vraie cette parole du sage : *Tout est vanité et
rongement d'esprit!*

Cette infortunée nous montre le rang, la fortune

dépouillés de leur prestige et de leurs ornements d'apparat ; elle nous laisse entrevoir les mauvaises passions qui étaient cachées comme un ver rongeur sous ces dehors séduisants.

Quel contraste avec la fraîcheur et la beauté que présentent la vie du croyant !

« L'amour de Dieu, écrivait lady Huntingdon à
» Wesley, exerce une influence bénie sur le cœur de
» ceux qui demeurent en lui. Quelle paix durable,
» quelle joie divine produit l'assurance de l'union
» au Sauveur par une foi vivante ! Nonobstant ma
» faiblesse, mon indignité, j'ai en moi le sentiment
» de sa présence et l'ardent désir de le voir glorifier
» par le salut des âmes, surtout de celles qui me
» sont chères. Le cri constant de mon cœur est
» celui-ci : O Dieu, sois apaisé envers moi qui suis
» pécheur ! — Je sens qu'à chaque jour, à chaque
» heure, à chaque instant, le sang répandu de
» mon Sauveur m'est nécessaire. Grâces soient ren-
» dues à Dieu ! la source en est toujours ouverte :
» cette assurance est mon soutien. »

CHAPITRE II.

Coup-d'œil sur quelques figures bien connues.

Parmi les hommes distingués qui fréquentaient la maison de lady Huntingdon, nous en trouvons quelques-uns dont la mémoire nous est chère et que, depuis notre enfance, nous sommes accoutumés à honorer.

Voyez-vous ce vieillard, petit de stature et au corps frêle? Il a un maintien timide, et cependant sa parole est très-éloquente. Une faible santé, une constitution délicate l'a enlevé depuis longtemps aux fonctions publiques et à la vie active; depuis longtemps il vit dans la solitude qui fait ses délices; la campagne a beaucoup de charmes pour lui, ainsi qu'il l'exprime dans ses vers.

Partout où il se présente, il est accueilli avec des marques de respect et d'affection, car son esprit est orné de science et son cœur plein d'une tendre sympathie. Il est l'auteur de plusieurs savants ouvrages et occupe un rang élevé parmi lés chrétiens *non-conformistes*, c'est-à-dire détachés de l'Eglise anglicane. Mais nous le connaissons mieux encore par les chants simples et harmonieux qu'il a adressés à l'enfance, ainsi que par ses hymnes sacrées que des millions de voix entonnent chaque dimanche dans les temples du Seigneur, et qui sont destinées à survivre même à la gloire littéraire de leur auteur.

Cet homme vénérable, c'est le docteur Isaac Watts, pasteur de Stoke-Newington. Il naquit dans ces jours orageux de lutte religieuse, où les *non-conformistes* formèrent une Eglise à part. Nous le trouvons, dans son enfance, entre les bras de sa mère, assise sur une pierre auprès des murs de la prison où était renfermé son mari : « diacre selon Dieu, » comme l'a appelé plus tard son fils, ce fidèle chrétien souffrait

sans murmure l'injustice et la persécution pour obéir
à sa conscience. — Ne s'étant jamais marié, Isaac
Watts n'a pas joui des douceurs qu'apporte avec
elle la vie de famille ; cependant « sa possession lui
est échue dans des lieux agréables, » car il est chéri
et honoré dans une famille qui, par sa piété, par
l'union étroite qui règne entre ses membres, par
toutes les vertus chrétiennes de ceux qui la compo-
sent, pourrait être citée comme modèle ; là le docteur jouit à la fois de tous les avantages que peuvent offrir l'amitié et le bien-être.

Le docteur Watts dit un jour : — Je vins chez
mon ami sir Thomas Abney avec l'intention de ne
passer chez lui qu'une semaine, et j'ai prolongé ma
visite pendant trente ans.

— Je considère votre visite, mon cher monsieur,
répondit lady Abney, comme la plus courte que ma
famille ait jamais reçue.

Sir Thomas, alderman de Londres, mourut en
1722, huit ans après que Watts eut été admis dans
sa maison hospitalière ; c'était un homme pieux,
d'une vie exemplaire, que les dignités attachées à sa
charge ne purent séduire ni éloigner de son Dieu.

Le poète-pasteur composa, à l'occasion de sa mort, une belle élégie, terminée par un éloge du noble caractère de son ami.

Après la mort de sir Thomas, il continua à être vénéré et aimé comme un des membres de la famille.

Le docteur Watts fut nommé pasteur à Stoke-Newington en 1704; mais sa santé étant extrêmement délicate, ses paroissiens lui associèrent le révérend Samuel Price. On peut juger de l'amour qu'il portait à son troupeau et des liens qui l'attachaient à lui, par les paroles suivantes que nous trouvons dans un de ses discours : « Je puis dire en toute sincérité qu'il n'y a pas de lien, de société ou d'occupation dans ce monde qui puisse me procurer autant de jouissance que l'exercice de mes fonctions pastorales parmi vous! » — Mais ce n'était point par sa prédication qu'il exerçait le plus d'influence; toutes les fois que sa santé le lui permettait, il faisait des visites pour instruire et édifier ses paroissiens; de plus, il employait un cinquième, — d'autres disent un tiers, — de ses revenus à des œuvres charitables.

Il n'existait alors aucune association pour répandre la Parole de vie en Angleterre ou à l'étranger.
La Société biblique, celle des missions, celle des
traités religieux ne prirent naissance que bien des
années après; cependant toutes ces œuvres chrétiennes doivent leur origine au grand réveil qui
eut lieu à cette époque. Hannah More a dit dans
un de ses ouvrages : — « Tandis que j'assiste à la
création des institutions religieuses qui ont signalé
le siècle actuel et que j'en observe les progrès, il
m'arrive souvent de regretter ; bien à tort sans
doute, que quelques-uns des amis de ma jeunesse
n'aient pas vécu suffisamment pour se réjouir de
ces œuvres excellentes et pour y participer. » Et
nous aussi, nous ne pouvons nous empêcher de
penser combien Watts, et Doddridge, et leurs pieux
contemporains, auraient été heureux de voir la connaissance du Seigneur se répandre de plus en plus
sur la terre.

   « Depuis longtemps, écrivait à Doddridge le co-
» lonel Gardiner, je craignais que l'excellent docteur
» Watts ne quittât ce monde avant que je lui eusse
» exprimé toute ma reconnaissance pour le bien que

» ses ouvrages ont fait à mon âme. Je vous prierai
» de lui dire que j'avais l'intention de me rendre
» chez lui lors de mon voyage à Londres ; mais j'eus
» le regret d'apprendre qu'il était dangereusement
» malade et je crus devoir renvoyer ma visite à un
» moment plus favorable. Je connais très-bien ses
» écrits, principalement ses Psaumes, ses hymnes
» et ses poèmes lyriques. Bien souvent, lorsque je
» suis seul, je chante quelques-uns de ses beaux
» cantiques, afin d'éloigner de moi toute mauvaise
» pensée. Je rends grâces à Dieu de sa guérison.
» Faites-moi le plaisir de lui dire que si, dans ce
» monde, je ne puis pas, à mon grand regret,
» célébrer hautement, comme lui, les louanges de
» notre glorieux Rédempteur, lorsque je ferai partie
» de l'Eglise triomphante où toute difficulté sera
» levée, aucun chant, j'ose le dire, ne s'élèvera au-
» dessus des miens ; car personne n'est plus rede-
» vable que moi aux richesses merveilleuses de la
» grâce divine. »

Ce fut chez lady Huntingdon qu'eut lieu la première entrevue de Watts et de Gardiner. Représen-
tons-nous par la pensée ce colonel à la taille élevée,

au maintien majestueux, se courbant avec une tendresse respectueuse devant le faible vieillard. Quel intéressant tableau! Avec quelle effusion de cœur ils se serrent la main! Quelle franche cordialité dans le soldat! Quelle affectueuse sympathie dans le poète!

Lorsqu'ils étaient à Londres, le colonel et lady Frances Gardiner allaient souvent chez lord Huntingdon.

« Je ne puis exprimer, dit lady Huntingdon,
» combien j'estime cet excellent colonel Gardiner.
» Quelle miséricorde et quel amour Dieu a témoigné
» en l'arrachant comme un tison hors du feu! Il vit
» véritablement pour Dieu, et pourtant le cri de son
» âme est sans cesse la requête du péager :
« *O Dieu! sois apaisé envers moi qui suis pécheur.* »
» Quel monument de la grâce et de la charité du
» Sauveur! Glorifier Dieu, et le servir de toute la
» puissance de son âme rachetée, voilà l'unique
» but de sa vie. »

Mais tournons maintenant nos regards vers cet autre personnage que le docteur Watts paraît aimer tendrement : c'est un jeune homme grand et élancé,

dont l'air sincère et doux lui attirent tout d'abord
notre confiance. Ecoutez-le parler : tout ce qu'il dit
exhale le parfum d'une piété profonde et vraie ; on
ne l'entend point prononcer des paroles senten-
cieuses ou tenir des propos peu charitables ; il ne
se laisse pas non plus arrêter par les diverses dénominations sous lesquelles se rangent les enfants
de Dieu, mais, animé du véritable esprit de son
divin Maître, il se plaît à tendre une main fraternelle à tous les vrais croyants, qu'ils soient dans
l'imposante Eglise anglicane, parmi les rudes fer-
miers de Moorfields, ou au milieu des chrétiens
austères partageant ses propres convictions. — Ce
jeune homme, c'est le prédicateur et l'écrivain populaire, Philip Doddridge, de Northampton.

Quand il fut question d'établir une faculté pour
les dissidents, on pria Doddridge, quoique très-
jeune à cette époque, de donner son avis sur la
meilleure marche à suivre pour préparer les jeunes
gens au saint ministère. Il composa à ce sujet un
petit écrit qui fut envoyé au docteur Watts ; celui-
ci, enchanté de la solidité et de la profondeur des
vues du jeune écrivain, entama avec lui une cor-

respondance et lui témoigna le désir qu'il lui fût
un jour donné de mettre à exécution son excellent
projet.

Doddridge était déjà un prédicateur suivi et admiré lorsque, bientôt après avoir fini ses études,
il fut appelé à Londres pour y remplir les devoirs
de pasteur dans une Eglise dissidente assez considérable. Il refusa cette offre, ainsi que plusieurs autres très-avantageuses, préférant l'humble paroisse
de Hibworth où il avait plus de temps pour travailler à la culture de son esprit. Quelques-uns de
ses amis paraissant le plaindre à cause de sa position obscure, il leur répondit de la manière suivante :

« Ici je me livre avec ardeur aux études si cap-
» tivantes dont il a plu à la Providence de faire
» l'occupation principale de ma vie. Le temps
» s'écoule avec rapidité, mais il me laisse un sou-
» venir agréable. Je vis comme une tortue renfer-
» mée dans sa coquille ; je suis presque toujours
» dans la même ville, dans la même maison, dans
» la même chambre ; cependant je me sens l'égal
» d'un prince, non pour ce qui regarde la magnifi-

» cence et la grandeur, mais par la satisfaction que
» donne le sentiment de sa propre liberté. Je suis
» maître de mes livres, de mon temps, et, j'espère
» pouvoir l'ajouter, de moi-même. A l'abri des ap-
» plaudissements et des censures, de l'envie et du
» mépris, éloigné des amorces de l'avarice et de
» l'ambition, j'abandonne volontiers le luxe, les
» agréments de la société, la popularité et les dé-
» lices de Londres, pour le contentement intérieur
» que procure un travail utile. Ainsi, chers amis,
» au lieu de vous affliger et de considérer ma re-
» traite comme un malheur, vous devriez bien plu-
» tôt m'en féliciter, puisqu'elle m'assure de grands
» avantages sous le rapport de la piété, des études
» philosophiques, et, je l'espère aussi, de mon uti-
» lité future. »

Contemplez par l'imagination le bonheur de ce
pasteur de village! Son esprit est tranquille; il est
heureux en son Dieu; la paix de sa vie active et dévouée n'est point troublée par des désirs ambitieux,
de secrets murmures, des comparaisons envieuses
ou une excitation fébrile. — Toutefois Doddridge
ne devait point demeurer à Hibworth; le Seigneur

lui destinait d'autres œuvres à accomplir : le serviteur de Dieu se préparait à son insu une renommée qui devait s'étendre dans tout le monde chrétien.

En 1729, il reçut l'invitation pressante de se rendre dans une des principales Eglises dissidentes
de Northampton. Les circonstances qui accompagnèrent cette offre furent telles, que ses meilleurs
amis le supplièrent d'accepter : il céda donc à
leurs instances. A part l'accomplissement scrupu-
leux de ses devoirs de pasteur et de prédicateur,
il s'occupa d'établir une université pour les jeunes gens, d'après le plan dont nous avons déjà
parlé, plan qui avait reçu l'approbation de tous
ses collègues dans le ministère. Doddridge avait
alors vingt-huit ans.

L'œuvre d'une vie entière s'ouvrait maintenant
devant lui : il s'élança dans ce beau champ de travail, non-seulement avec transport et allégresse,
mais aussi avec une activité réfléchie et persévé-
rante. Au commencement de l'année, il avait coutume de tracer le plan exact de ses travaux pour
chaque mois, chaque semaine et chaque jour, afin,

disait-il , que l'ouvrage d'un jour ne retombât pas sur le jour suivant. Et pour parer aux éventualités, il avait soin de se réserver quelques heures par semaine auxquelles il ne donnait point de destination particulière ; il les mettait de côté comme un capital de réserve, pour remplacer les heures accidentellement perdues et pour remplir certains devoirs amenés par les circonstances. « Il me semble , dit-il, que l'activité et la gaîté sont si étroitement unies, que la pratique habituelle de l'une assure la possession de l'autre ; cela est vrai surtout alors que cette activité est employée à répandre de la semence pour la moisson de l'éternité. »

Malgré les préoccupations les plus importantes, le jeune pasteur recevait toujours ses paroissiens les plus humbles, et quittait volontiers ses études favorites pour écouter leurs chagrins, pour les consoler et les aider de ses conseils. Dans ses relations journalières , il se montrait toujours plein de ces douces prévenances qui lui étaient certainement rendues faciles par sa nature aimante , mais auxquelles il ne cessa jamais de s'exercer lui-même et qu'il appréciait beaucoup dans les autres. Il

avait coutume de dire souvent : « Je sais que ces
attentions sont peu importantes par elles-mêmes ,
mais elles tiennent à l'écart les paroles brusques
qui pourraient quelquefois porter atteinte à la charité. »

« Pour ce qui regarde mes devoirs comme époux ,
écrivait-il dans son journal , je dois éviter tout ce
qui a l'apparence de la mauvaise humeur, à laquelle
mille soins, mille travaux divers pourraient me porter si je cessais un instant de veiller sur moi-même.
Je désire que mes conversations avec ma femme
soient toujours empreintes d'un esprit chrétien ; je
ne dois jamais oublier de la recommander à la grâce
divine , et de me montrer obligeant et affectueux à
son égard. Comme père , je dois me faire une règle
invariable d'intercéder journellement pour mes enfants, de faire tous les efforts en mon pouvoir pour
les mettre de bonne heure en communion avec
l'Eglise de Christ, de chercher à leur être agréable
et à m'attirer leur affection. »

Mais quelque occupé que dût alors être le prédicateur, le pasteur et le père de famille, il fut choisi
par le docteur Watts pour accomplir un travail que

celui-ci désirait depuis longtemps pouvoir exécuter lui-même, mais que ses infirmités croissantes ne lui permettaient pas d'entreprendre : il s'agissait de rédiger un petit ouvrage populaire sur la religion expérimentale et pratique.

On verra par les lignes suivantes quelle haute idée le docteur Watts avait de son ami : « — Je ne » connais pas d'homme, écrivait-il, dont la capacité » soit égale ou même comparable à celle de Dod- » dridge, pour ce qui est des doctrines théologiques » et de l'Evangile de Christ ; il possède une connais- » sance approfondie des choses de Dieu, et il enseigne » la jeunesse de la manière la plus heureuse. C'est à » la fois un prédicateur des plus impressifs et un » écrivain pathétique. Maintenant que je suis avancé » en âge (j'ai plus de soixante-dix ans), si la Provi- » dence me permettait de confier à quelqu'un la con- » tinuation de l'œuvre qu'il m'avait donnée à faire, » ce serait Doddridge que je choisirais. — En outre, » il est animé, au plus haut degré, à l'égard des chré- » tiens dont les opinions sont différentes des siennes, » de cet esprit de charité, d'amour et de bonté qui » convient à tout disciple du Seigneur Jésus. »

Doddridge, en raison des nombreux devoirs qu'il avait à remplir, répondit d'abord par un refus à la demande de son vénérable ami ; mais il ne lui fut pas possible de résister longtemps à ses instances réitérées. Il consentit enfin à entreprendre ce travail. L'ouvrage parut en 1745 ; il était dédié au docteur Watts et avait pour titre : *Les commencements et les progrès de la vraie piété.*

Le docteur enchanté déclara que le livre était excellent : il ne trouva à redire qu'à la dédicace. Cet ouvrage a été répandu par milliers d'exemplaires dans toute la chrétienté ; aujourd'hui encore, il annonce la doctrine de la croix dans des milliers d'habitations, et nous avons tout lieu de croire qu'une infinité de personnes peuvent, comme Wilberforce et Stonehouse, rendre grâces à Dieu des appels pressants qu'il contient.

Au temps de Wesley et de Whitefield, la véritable piété s'était éloignée de nos bords, comme les vagues se retirent momentanément du rivage. Les lumières avaient pâli chez les dissidents, non moins que dans l'Eglise épiscopale. Si quelques phares brillaient encore çà et là, ils ne servaient qu'à faire paraître plus obscures les ténèbres du scepticisme qui les entouraient. C'est en réfléchissant à ce déplorable état de choses que Burnet s'écriait avec douleur : « Quand je vois et la nullité complète de ceux qui se préparent à recevoir l'ordination, et l'indifférence de ceux qui sont déjà dans le ministère, leur apathie, leur ignorance des saintes Ecritures, mon âme est navrée et je suis prêt à m'écrier avec David : *Oh! qui me donnerait des ailes de colombe! je m'envolerais et je me poserais en quelque lieu.* Que deviendrons-nous? Comment pouvons-nous espérer de combattre les adversaires ou de travailler à l'avancement du règne de Dieu et à la propagation de l'Evangile, si ceux-là mêmes qui devraient enseigner les autres ont besoin, tout les premiers, d'apprendre les plus simples éléments de la révélation divine. »

Un cri non moins douloureux s'élève du milieu des dissidents; prêtez l'oreille à ces lamentations : « La dissidence n'est plus la même; je ne la reconnais plus. Autrefois elle était renommée pour la foi, la sainteté et l'amour fraternel de ses membres. Je me souviens du temps où j'étais sûr, en

entrant dans une de leurs chapelles, d'en sortir
le cœur réchauffé, l'âme vraiment édifiée ; maintenant, j'entends des prières et des sermons que je
n'approuve ni ne comprends. La vérité et la morale
évangéliques sont tout-à-fait passées de mode. Il
ne nous arrive du haut de la chaire que des doctrines altérées. La raison, les grandes lois de la
raison, les éternelles lois de la raison, tous ces
mots sonores retentissent si souvent à nos oreilles
que nous risquons d'être enorgueillis de notre excellence ; la nature humaine est presque déifiée. Oh !
qui nous rendra les anciens jours ! qui nous rendra
la pureté de nos doctrines, la sagesse et l'activité
de nos pasteurs, l'humilité, la piété et la docilité
de notre jeunesse ? »

Telles étaient les plaintes qui se faisaient entendre
de toutes parts, pareilles à celles d'Ismaël dans le
désert, lorsque les fontaines avaient tari. Il n'entre
pas dans le plan de cet ouvrage de décrire les causes qui avaient amené ce déclin dans la vraie
piété. Nous le regardons, quant à nous, comme un
des signes des temps ; mais nous nous plaisons surtout à reconnaître, dans le réveil qui suivit, la

main puissante du Seigneur, toujours prêt à sauver. Pourquoi le véritable Israël était-il assis solitaire et pleurant sans cesse pendant la nuit? Comment se faisait-il que les chemins du Seigneur fussent dans le deuil, parce qu'il n'y avait plus personne qui vînt aux fêtes solennelles? Ecoutez!... N'entendez-vous pas les messagers de la bonne nouvelle qui crient dans le lointain : *Préparez le chemin du Seigneur?* Leur voix nous arrive chargée de promesses et de bénédictions. *Ta lumière éclora comme l'aube du jour*, dit cette voix à Sion désolée ; *ta guérison germera incontinent; ta justice ira devant toi, et la gloire de l'Eternel sera ton arrière-garde. Alors tu invoqueras, et l'Eternel t'exaucera; tu crieras, et il dira : Me voici; si tu ôtes le joug du milieu de toi, et que tu cesses d'étendre le doigt et de dire des outrages; si tu ouvres ton âme à celui qui a faim, et que tu rassasies l'âme affligée, ta lumière se lèvera dans les ténèbres, et tes ténèbres seront comme le midi. Et l'Eternel te conduira continuellement, et il rassasiera ton âme dans les grandes sécheresses, et engraissera tes os, et tu seras comme un jardin arrosé, et comme une source d'eaux dont*

*les eaux ne défaillent point; et des gens sortiront de
toi, qui rebâtiront ce qui aura été désert depuis longtemps; tu rétabliras les fondements abandonnés d'âge
en âge; et on t'appellera le réparateur des brèches et
celui qui redresse les chemins, afin qu'on puisse habiter au pays* (1).

C'est ainsi que les glorieuses prédictions de la
sainte Ecriture s'appliquent à tous les temps de
délivrance et de réveil; elles viennent s'offrir à
ceux que Dieu a choisis pour ses instruments et
leur communique une sainte force.

Mais comment les Eglises dissidentes d'Angleterre
accueilleront-elles les nouveaux prédicateurs? Sera-ce
avec joie et en s'écriant : *Combien sont beaux sur les
montagnes les pieds de celui qui apporte de bonnes
nouvelles, et qui publie la paix, de celui qui apporte
de bonnes nouvelles, qui publie le salut* (2)? Hélas,
non! Quelques-uns se tinrent à l'écart, s'intéressant
peu à ce mouvement religieux; plusieurs en parlè-
rent avec amertume. D'autres se demandaient en

(1) Esaïe, LVIII, 8-12.
(2) Esaïe, LII, 7.

hésitant : « Qu'adviendra-t-il de tout ceci ? »
D'autres encore croyaient servir Dieu en attribuant
tout à l'enthousiasme. Quelques-uns pourtant se sentirent disposés à leur tendre une main d'association.
Doddridge fut de ce nombre : « Il me semble que
par le succès qu'il accorde à quelques-uns de ces
hommes, disait le jeune pasteur, Dieu réprimande
la folie de ceux qui se croient les seuls sages du
monde et déploie la puissance de son bras puissant
d'une manière visible. Il y a souvent, il est vrai,
un peu d'enthousiasme dans quelques conversions
extraordinaires; mais, à tout prendre, ne vaut-il pas
mieux qu'un homme soit sobre, honnête, vertueux,
industrieux et enthousiaste, que s'il n'avait aucun
respect pour Dieu et pour la religion ? Je trouve,
quant à moi, qu'un *méthodiste* est préférable à un
voleur, à un jureur, à un ivrogne, comme l'étaient
autrefois quelques-uns de ceux qui ont été réformés
par le moyen de ces prédications contre lesquelles
on s'élève tant. »

Doddridge fut sévèrement censuré par ses frères
pour avoir ainsi reconnu Whitefield et Wesley
comme de véritables ouvriers dans la moisson du

Seigneur. Des lettres menaçantes lui furent adressées de diverses parties du royaume; on craignait
que la largeur de ses vues ne devînt fatale à l'institution qu'il dirigeait; car non-seulement il tendait
une main fraternelle à ces hardis novateurs, im-
plorant la bénédiction de Dieu sur leur glorieuse
mission, mais, pendant son séjour à Londres, il
parut même dans leurs chaires. « Je regrette, lui
» écrivit à ce sujet le docteur Watts sur un ton
» de reproche tendre et affectueux, je regrette qu'on
» m'ait adressé plusieurs questions relatives à vos
» prédications au Tabernacle ; vous avez rabaissé
» parmi les dissidents le caractère du pasteur, et
» principalement celui du professeur. Plusieurs de
» nos amis m'ont écrit dans ce sens, mais je ne
» leur réponds rien, ne sachant pas quels ont été
» vos motifs. Je prie Dieu de vous préserver de
» toute tentation. »

Peu de temps après, lady Huntingdon, lady Frances Gardiner et M. Price, dînant chez lady Abney,
la conversation roula naturellement sur le mouvement religieux si remarquable qui venait de s'opérer,

et chacun raconta ce qu'il avait vu et entendu à ce sujet.

« Tels sont les fruits qui accompagneront toujours la fidèle prédication de la miséricorde divine, s'écria le docteur Watts, dont les petits yeux gris exprimaient un intérêt croissant. Que le Seigneur notre Dieu couronne de succès le message de sa Parole et lui donne un libre accès dans les cœurs ! De tels hommes sont une véritable bénédiction. » — Il est probable que Doddridge ne reçut pas d'autres reproches de la part de son ami....

Le docteur Watts fit plus tard la connaissance de Whitefield ; celui-ci alla le voir encore en 1749, quelques heures avant sa mort, et reçut sa bénédiction à ses derniers moments.

« La nation a été alarmée dans ces derniers temps, disait à cette époque un ministre de l'Eglise anglicane, de l'extension rapide que semble prendre le méthodisme en Angleterre. Si nous voulons en arrêter les progrès, il n'y a qu'un moyen à prendre : c'est de vivre plus saintement, de prier avec plus de ferveur, d'être plus fidèles dans nos pré-

dications , de travailler plus activement que les
pasteurs méthodistes, et de n'être en toutes choses qu'un cœur et qu'une âme. Si nous agissons
ainsi, bientôt ,·soyons-en sûrs, les prédications en
plein air auront cessé, et nos auditoires seront
aussi nombreux que ceux qui se réunissent dans
les champs. »

A ces sages avis, Doddridge répondit du fond
du cœur : « Puissions-nous faire de même dans l'E-
glise dissidente ! » — Il priait ardemment afin qu'il
y eût une union et une harmonie plus grandes
parmi les chrétiens réformés. — « Oh! quand viendra l'heureux temps, disait ce *réparateur des brèches,*
où les enfants de Dieu ne se demanderont plus jusqu'où doit aller la discussion , mais plutôt quelles
nouvelles concessions ils peuvent se faire mutuellement , dans un esprit de déférence et d'amour, sans
déplaire à notre Sauveur commun et sans faire tort
à la grande cause du christianisme qu'il nous a donnée à garder? Mais, ajoute-t-il, je crains que l'obscurité de notre esprit, l'étroitesse de notre cœur et
l'attachement à nos propres idées ne retardent
beaucoup ce jour béni. »

Hélas! plus de cent ans se sont écoulés et nous n'en apercevons pas même l'aurore (1).

(1) Cette assertion longtemps trop fondée ne l'est plus aujourd'hui d'une manière absolue, puisque l'alliance évangélique permet aux chrétiens de diverses dénominations de se rencontrer sur le terrain non-seulement d'une mutuelle charité, mais aussi d'une commune foi aux grandes et fondamentales vérités du christianisme, et de prouver au monde que, malgré des divergences secondaires, ils se réunissent pour confesser Jésus-Christ et Jésus-Christ crucifié comme le seul chef et le divin Sauveur de son peuple. Les diverses réunions de cette alliance, et notamment celle de Berlin, ont été pour ceux qui y ont pris part une source abondante d'édification et de communion fraternelle avec tous ceux qui se réclament du nom du Sauveur, à quelque Eglise qu'ils appartiennent.

(*Note des Editeurs.*)

CHAPITRE III.

Agir et souffrir.

Lady Huntingdon prenait un intérêt plein de zèle à l'avancement du règne de Dieu. Non contente d'y coopérer par ses libéralités et par l'influence de son nom, elle s'y consacrait personnellement, s'employant avec activité à chercher les âmes égarées et à leur montrer la voie du salut.

« Je remarque, écrivait-elle à Wesley, que les » courtes exhortations que je leur adresse, ont été » très-utiles aux ouvriers parmi lesquels je passe » une partie de mes journées. J'y trouve moi-même

» beaucoup d'encouragement, et je me sens presque
» toujours en la présence de Dieu. Il est devant
» moi comme une colonne de feu. »

Elle saisissait avec empressement toutes les occasions de faire du bien à ses domestiques. S'adressant un jour à un laboureur qui travaillait près du mur de son jardin, elle l'exhortait, avec des instances affectueuses, à penser à l'éternité. Quelque temps après, elle dit à un autre ouvrier : « Thomas, je crains que vous ne négligiez la prière et que vous ne regardiez pas à Christ pour avoir le salut.
— Je vous demande pardon, madame, répondit celui-ci; j'ai entendu l'autre jour ce que vous disiez à Jacques dans le jardin, et les paroles que vous lui adressiez ont agi sur mon cœur. — Mais comment avez-vous pu les entendre? — J'étais de l'autre côté du jardin, madame, j'ai tout écouté par un trou du mur, et l'impression que vos exhortations ont produit sur moi ne s'effacera jamais. »

Dans ce petit incident, nous reconnaissons l'esprit général de ce grand mouvement religieux qui gagnait de proche en proche, étendant ses conquêtes sous l'influence du véritable zèle chrétien.

Lady Huntingdon ne se contentait pas de posséder elle-même les biens spirituels. Il ne lui suffisait pas d'être nourrie du pain de vie : elle aspirait aussi à en nourrir les autres. Non-seulement elle voulait être assise à la table du Maître, mais encore elle invitait ses frères, elle les pressait d'entrer dans la salle du festin. En tous temps et en tous lieux, elle cherchait à arracher les hommes au péché et à ses terribles suites. Enlacée comme elle l'était par les divers intérêts d'une position brillante et active, elle n'en semblait pas moins se préoccuper avant tout du salut et du jugement, et ces deux grandes réalités se présentaient à elle avec toute leur importance et leurs conséquences éternelles. Rester dans l'inaction, se retirer des sociétés mondaines, s'abstenir des choses défendues, n'étaient pas à ses yeux des protestations suffisantes contre le péché. Quand elle venait de prier, elle se sentait animée, comme tout de nouveau, d'une sainte ferveur, et sa vie entière se traduisait en quelque sorte par cette constante exhortation : « Convertissez-vous, convertissez-vous ! pourquoi mourriez-vous, ô maison d'Israël? »

En 1744, la famille du comte fut affligée par la

perte de deux charmants garçons, Georges et Fernand, qui moururent de la petite-vérole. A cette douleur privée vint encore s'ajouter l'anxiété causée par les troubles politiques; la contrée entière était agitée par la dernière tentative des Stuarts pour reconquérir le trône d'Angleterre. L'alarme régnait de toutes parts; plusieurs grandes villes furent troublées par des émeutes, et quelques prédicateurs méthodistes furent insultés et maltraités. Charles Wesley fut un jour cité devant les magistrats de Wakefield, pour avoir à répondre de quelques paroles prononcées dans une prière. Il avait supplié le Seigneur de rappeler ses *bannis,* et l'on croyait qu'il avait voulu désigner par ce mot le prétendant et son parti. — « Je ne pensais pas au prétendant, répondit l'inculpé avec calme, mais à ceux qui se disent eux-mêmes étrangers et voyageurs sur la terre, à ces âmes qui cherchent leur patrie, sachant que ce n'est pas ici le lieu de leur repos. L'Ecriture parle de nous comme de pauvres captifs exilés, dont le ciel est la véritable patrie. » Les juges eurent le bon sens de se déclarer satisfaits de cette explication et de libérer le prisonnier.

Ce fut au milieu de cette lutte que le colonel
Gardiner perdit la vie; il fut tué à la bataille de
Prestonpans. Lorsqu'il prit congé de sa femme et
de sa fille aînée avant le combat, lady Gardiner
était plus émue qu'elle ne l'était ordinairement en
pareille occasion; au lieu de la consoler et de ranimer son courage, le colonel lui dit avec sérieux ces
simples mots : « Nous avons une éternité à vivre
ensemble... »

La mort de cet excellent homme plongea dans
l'affliction ses nombreux amis, et la nation entière
partagea leurs regrets. — « Que les suites de la
guerre sont affreuses ! écrivait lady Huntingdon ;
dans quelle profonde douleur doivent être plongées
cette veuve et ses enfants ! Mais ils savent, grâces à
Dieu, que celui qu'ils pleurent est allé auprès du
Rédempteur de son âme, pour chanter les merveilles de cet amour qui l'a racheté et qui l'a préparé
à s'unir aux saints dans la gloire. »

C'est ainsi que la foi en Christ dirige nos regards
et nos espérances vers le ciel. — La vie du capitaine
Gardiner, qui parut plus tard, a été lue et relue
dans toutes les parties du monde chrétien.

Quelque temps après, lady Gardiner fut appelée
à rendre à son amie ses témoignages de sympathie.
Le comte d'Huntingdon mourut d'une attaque d'apo-
plexie, à l'âge de cinquante ans; il laissait à sa
femme, qui avait alors trente-neuf ans, la direction entière de sa famille et de sa fortune. Le comte
était un homme d'une réputation sans tache, et
quoiqu'il ne partageât pas les opinions religieuses
de sa femme, il accueillait ses amis chrétiens avec
plaisir, et écoutait avec admiration les prédicateurs
éloquents de l'époque. « J'admire la morale de la
Bible, disait-il; mais quant à la doctrine de la grâce,
je ne la comprends pas. »

Ses sœurs possédaient une piété éminente; l'une
d'elles, Marguerite, avait épousé le révérend Ingham dont Dieu s'était servi pour opérer sa conversion.

Après la mort du comte, sa famille se retira à
Donnington-Park, où la comtesse passa dans la solitude les premiers mois de son veuvage. Quelques
extraits de ses lettres à Doddridge nous révèleront ses
sentiments intimes. « J'espère que vous ne vous dé-
» rangerez nullement quand il s'agira de m'écrire,

» mais que vous prendrez pour cela le temps qui
» vous conviendra le mieux. Vous le savez, nous
» sommes d'accord sur ce point, que la seule chose
» pour laquelle il vaille la peine de vivre, c'est de
» proclamer l'amour de Dieu manifesté en Jésus-
» Christ. Quant à moi, je ne voudrais pas d'une
» sainteté qui ne me viendrait pas de lui ; je ne dé-
» sire pas d'autre liberté que celle qu'il m'accorde,
» et j'accueille avec joie toutes les épreuves dont il
» ne veut pas me délivrer, afin qu'en toutes choses
» je puisse sentir que sans lui je ne peux rien. Ma
» famille se compose de deux fils et de deux filles ; ils
» ne me donnent que des sujets d'actions de grâces.
» Les enfants de tant de prières et de tant de larmes
» seront un jour bénis, je n'en doute pas. Vos priè-
» res sont pour nous d'un grand secours. Que le
» Seigneur nous accorde de vivre et de mourir pour
» lui seul. Mes respects affectueux à Mme Doddridge.
» Votre amie sincère,

» S. H. »

Elle écrivait encore au même ami : « Une époque
» importante semble approcher. Oh ! si nous pou-
» vions espérer que c'est le temps où toutes choses

» s'effaceront devant le règne de notre glorieux Ré-
» dempteur. Votre œuvre est bénie et Dieu vous
» prépare à être une flèche aiguë dans son car-
» quois. Je voudrais que tous les chrétiens s'unis-
» sent en prières pour vous, afin que vous soyez
» fortifié de plus en plus. »

Pendant la vie du comte, sa femme avait de nombreuses occupations qui absorbaient son temps et
qui la forçaient quelquefois à négliger les intérêts
qu'elle avait tant à cœur. Comme maîtresse de ses
demeures princières, elle avait des devoirs de société à remplir. Par respect et par affection pour
son mari, elle renonçait à sa volonté propre, et,
sans être infidèle à ses convictions religieuses, elle
prenait part à tout ce qui intéressait lord Huntingdon. Ce lien brisé, elle supporta l'épreuve avec
soumission et sentit plus que jamais qu'elle était
étrangère dans ce monde. Aussi, depuis ce moment,
voyons-nous se développer en elle cette énergie,
cette sainte ardeur qui a identifié son nom avec le
réveil chrétien de son temps. Ce fut vers cette époque qu'elle entreprit un voyage dans le pays de
Galles, avec ses deux filles et ses belles-sœurs,

Anne et Frances Hastings; plusieurs pasteurs et quelques amis chrétiens se joignirent aussi à elle. Ce voyage était-il un simple voyage d'agrément, une excursion sans autre but que de voir des sites nouveaux ? Avant de répondre, arrêtons-nous un moment pour considérer l'état de dégradation morale où l'Angleterre était plongée à cette époque.

« Il y avait peu de zèle parmi les membres du clergé, dit Southey, et diverses causes venaient rendre plus déplorable encore cette apathie religieuse. La population avait doublé depuis l'établissement de l'Église sous le règne d'Elisabeth, et cependant on n'avait pris aucune mesure pour augmenter proportionnellement les moyens d'instruction morale et spirituelle, qui, dès le principe, étaient insuffisants. En réalité, quoique les avantages temporels du christianisme s'étendissent à toutes les classes de la société, la grande majorité du peuple ne connaissait de la religion que ses formes extérieures. Ils avaient été autrefois catholiques, ils étaient alors protestants; mais CHRÉTIENS, ils ne l'avaient jamais été. La Réformation, en abolissant les cérémonies auxquelles ils étaient attachés, n'y

avait rien substitué. Ils avaient bien la Bible, mais
pour le plus grand nombre, dans les classes ouvriè-
res surtout, la Bible était, à la lettre, un livre
scellé. »

Ainsi, tant parmi les populations des campagnes
que parmi les ouvriers des grandes villes, nous ne
trouvons qu'ignorance, impiété, indifférence complète pour la religion. Un vaste, un immense champ
de travail s'ouvrait donc à l'activité de Wesley, de
Whitefield et de leurs collaborateurs. A la vue de si
grands besoins, ces hommes de Dieu se sentirent
enflammés d'un zèle irrésistible, qui rendait leur
parole véritablement *semblable au marteau qui brise
la pierre* (Jér., XXIII, 29). Et cette pénurie spirituelle n'existait pas seulement chez les pauvres et
les délaissés; elle se manifestait partout, soit par
l'indifférence dans les classes moyennes, soit par le
scepticisme dans la noblesse, soit enfin par le manque de zèle et de sérieux parmi çeux qui faisaient
profession d'être chrétiens, laïques et ecclésiastiques.

Ces campagnes incultes, ces moissons blanchis-
santes réclamaient des ouvriers. Ceux que Dieu envoya étaient animés de cette seule pensée : Courons

à ceux qui périssent. — Toute leur mission se ré-
sumait dans ces paroles simples et pressantes : *Re-
pentez-vous et croyez au Seigneur Jésus-Christ.* De
même que Christ était venu chercher et sauver ceux
qui étaient perdus, de même ses disciples devaient
aller çà et là, publiant la bonne nouvelle du salut :
telle était la conviction de ces courageux témoins de
la vérité.

Telle était aussi la pensée qui détermina lady Huntingdon à entreprendre la tournée dont nous avons
parlé plus haut. Les voyageurs partirent de Bath et
traversèrent lentement le pays de Galles, s'arrêtant
dans les villes et les villages, afin que les prédicateurs pussent parler au peuple, chaque fois qu'il
était possible de réunir un auditoire ; et ces occasions ne leur manquaient pas, car on accourait en
foule pour les entendre.

L'un des prédicateurs était originaire du pays de
Galles ; c'était Griffith Jones, d'Abercowin. Il déplo-
rait vivement l'ignorance superstitieuse de ses compatriotes, et en 1711, il vint s'établir au milieu
d'eux pour leur annoncer l'Evangile. Mais il ne tarda
point à s'apercevoir combien leurs notions sur le

christianisme étaient imparfaites et vagues, et il reconnut que le service du dimanche n'aurait aucun
résultat si l'on n'y joignait d'autres moyens d'instruction. Dans cette conviction, il résolut de se mettre à
l'œuvre, et une école fut fondée en 1730 dans la paroisse d'Handowror. Il obtint des résultats si satisfai-
sants que plusieurs aides durent bientôt se joindre
à lui, et dans l'espace de dix ans, cent vingt-huit
écoles furent mises en activité; huit mille personnes,
placées sous la direction de maîtres pieux, apprirent
à lire et reçurent une instruction chrétienne. Griffith
Jones était un orateur très-populaire ; son talent
consistait à *saisir la conscience* de ses auditeurs; il
avait blanchi au service de ses compatriotes, en sorte
que sa présence était pour eux, disaient-ils, comme
le son des cloches qui invitent le peuple à venir
entendre la Parole de Dieu. Il avait pour collègue un
de ses compatriotes, Howell Harris. Celui-ci, quoique
destiné dès son enfance à devenir pasteur, ne reçut
aucune impression sérieuse jusqu'à l'âge de vingt et
un ans. Sa conscience fut alors ébranlée par ces paroles d'un sermon : « Si vous n'êtes pas préparé à
vous approcher de la table du Seigneur, vous ne l'êtes

pas non plus à entrer dans sa maison ; vous n'êtes donc préparé ni pour vivre ni pour mourir. » — A son retour de l'église, Harris rencontre une personne à laquelle il avait fait tort ; aussitôt il confesse sa faute et en demande le pardon. Longtemps encore son âme fut obscurcie par le remords et la crainte, mais il prit la ferme résolution de se vouer au service de Dieu, et il commença dès-lors à avertir ceux qui l'entouraient de fuir la colère à venir. En 1735, il quitta l'université d'Oxford et revint dans son pays natal. Là, il se consacra à prêcher l'Evangile aux pauvres.

En 1739, Whitefield et Harris se rencontrèrent pour la première fois à l'hôtel-de-ville de Cardiff, où Whitefield prononça un discours qui ébranla tout son auditoire. L'entrevue qui suivit leur causa une joie réciproque : « Je n'ai aucun doute que Satan n'ait été jaloux de notre bonheur, dit Whitefield à ce sujet ; mais j'espère, avec le secours de Dieu, que nous saperons son royaume. »

Tels étaient les hommes qui accompagnaient lady Huntingdon. Ils séjournèrent quelque temps à Trevecca, patrie de Harris ; les pasteurs prêchaient quatre ou cinq fois par jour à des multitudes qui arrivaient de tout le pays environnant. Vingt ans plus tard, Trevecca était le centre principal de l'influence de la comtesse.

« En repassant dans mon esprit ce que j'ai vu et entendu, disait-elle à la suite de cette tournée d'évangélisation, je suis forcée de m'écrier : *Mon âme, bénis l'Eternel! et que tout ce qui est en moi bénisse le nom de sa sainteté.*

» Les sermons de nos amis traitaient, en général, des sujets solennels et terribles, tels que la ruine complète de l'homme causée par sa chute, la rédemption par le Seigneur Jésus-Christ. Je crois qu'un grand nombre d'auditeurs ont été vivement impressionnés et ramenés des ténèbres du péché à la merveilleuse lumière de l'Evangile. Dieu veuille les maintenir dans la grâce et la vérité! »

Peu de temps après le retour de la comtesse, Doddridge se rendit à Londres. Pendant son séjour dans cette ville, il écrivait à sa femme : « Je vous » dirai en finissant que cette journée est la plus » agréable que j'aie passée sans vous. J'ai prêché » chez Mme Edwin. Le soir, les dames ont chanté

» des cantiques en s'accompagnant de la harpe. J'en
» ai moi-même chanté un qui a été, je crois, écrit
» par la bonne comtesse. Elle est vraiment la mère
» des pauvres ; elle visite constamment les malades
» et prie avec eux ; quand ils meurent, ils lui lè-
» guent leurs enfants, de l'avenir desquels elle se
» charge. J'ai trouvé en elle et en Mme Edwin une
» piété qui a véritablement dépassé mon attente ;
» je ne puis que glorifier Dieu à leur sujet. »

CHAPITRE IV.

Whitefield.

En 1728, il y avait à l'université d'Oxford un jeune homme qui luttait péniblement contre la pauvreté, et qui, pour payer sa pension, était obligé de se rendre utile au collége de Pembroke. Sa position lui fut d'abord rendue désagréable par la société qui l'entourait: plusieurs élèves, qui occupaient la même chambre que lui, voulurent l'engager à prendre part à leur dissipation, et à adopter leur genre de vie mondain. Pour échapper à leurs persécutions, il se retirait dans son cabinet d'étude, où il était quel-

quefois transi de froid ; mais à la fin , lorsque ses
condisciples eurent remarqué la fermeté de son
caractère, ils le laissèrent en paix.

Avant d'aller à Oxford, ce jeune homme avait entendu parler de certains étudiants en théologie, que
l'on appelait *méthodistes*, parce qu' « ils s'étaient fait,
disait-on , une règle de vie, *une méthode*. » On s'entretenait beaucoup d'eux à cette époque, et, en général, on les traitait avec mépris ; néanmoins il se sentit attiré vers eux par une affinité de sentiments,
et les défendait avec courage lorsqu'on les attaquait.
Souvent, en les voyant traverser une foule moqueuse,
pour aller tous ensemble recevoir la cène à l'église de
Sainte-Marie, il éprouva un vif désir de se joindre à
eux ; pendant plus d'un an, il souhaita de faire leur
connaissance, mais le sentiment de son infériorité le
retenait toujours. Enfin, il parvint au but de ses
désirs , et voici de quelle manière : un mendiant,
ayant tenté de se suicider, le jeune étudiant fit prier
Charles Wesley de venir visiter ce malheureux, et de
lui apporter des secours spirituels ; la personne chargée de transmettre le message avait reçu l'ordre de
ne pas dire qui l'avait envoyée ; mais elle ne tint pas

compte de la recommandation, et nomma le jeune homme. Charles Wesley l'avait souvent rencontré se promenant seul, et ayant reçu de bons renseignements sur son compte, il l'invita à déjeûner dès le lendemain. Bientôt après il fut présenté à la petite société méthodiste, et dès-lors, à l'exemple de ses nouveaux amis, il se traça une règle de conduite, et employa son temps avec la plus scrupuleuse exactitude.

Ce jeune homme était George Whitefield, et c'est ainsi que le biographe de Wesley raconte son introduction dans cette société dont les membres ont exercé une si grande influence sur leur époque et sur celles qui ont suivi.

Après avoir quitté Oxford et reçu les ordres de diacre, Whitefield commença ses prédications à Bristol ; il y déploya cette éloquence passionnée qui émut et électrisa l'ancien et le nouveau monde. En général, il prêchait environ cinq fois par semaine, et la foule était si compacte qu'il avait beaucoup de peine à se frayer un passage pour arriver jusqu'à la chaire. Quelques personnes se suspendaient à la balustrade qui environnait l'orgue ; d'autres grimpaient sur les marches ou sur les plates-formes, et cet immense

auditoire rendait l'atmosphère de l'église tellement
chaude, que la vapeur ruisselait en gouttes le long
des piliers. Appelé à Londres, il dut prêcher son
sermon d'adieu, et lorsqu'il dit aux assistants qu'ils
ne verraient peut-être plus son visage, riches et pauvres, jeunes et vieux, tous éclatèrent en sanglots.
Après le service, il fut ramené chez lui par une multitude qui fondait en larmes ; le jour suivant, depuis
sept heures du matin jusqu'à minuit, il donna des
conseils spirituels à des auditeurs alarmés sur l'état
de leur âme ; il quitta Bristol secrètement au milieu
de la nuit pour éviter une escorte de cavaliers et de
voitures.

Pendant son séjour à Londres, on fut obligé, à
cause de la foule, de placer des constables à la porte
du temple; vers la fin de l'année, le dimanche matin, on aurait pu voir les rues encombrées de gens
qui, à la lueur des lanternes, se rendaient à l'église
où il devait prêcher.

« L'homme qui produisit des effets si extraordinaires, dit Southey, possédait plusieurs avantages
naturels. Il était plutôt grand que petit, bien pro-
portionné, quoique à cette époque assez mince, et

avait beaucoup de grâce dans les manières. Il était
très-blond ; ses petits yeux vifs étaient d'un bleu
foncé ; depuis qu'il avait eu la rougeole, il louchait
d'un seul œil, ce qui, loin de nuire au charme de
sa physionomie, en augmentait l'expression. Sa voix
était aussi remarquable par sa mélodie que par son
étendue ; ses modulations exquises étaient accompa-
gnées de ce geste noble et gracieux, qui est, dit-on,
la première condition requise d'un orateur. » — Le
célèbre acteur Garrick disait que Whitefield pouvait
faire pleurer ou trembler les hommes suivant la manière dont il prononçait le seul mot *Mésopotamie !*
Malgré son exagération, cette parole peut nous
donner une juste idée de l'irrésistible puissance
d'entraînement que possédait sur les masses l'éloquence de Whitefield.

A ces dons naturels, le jeune prédicateur joignait
une profonde conviction de la grandeur de sa tâche,
comme envoyé de Dieu, et de la responsabilité qui
y était attachée. Il avait pour maxime de prêcher,
comme Apelles peignait, c'est-à-dire *pour l'éternité.*
Whitefield n'oublia jamais ces paroles qu'avait
prononcées en sa présence un jeune homme, le

docteur Delany : « Toutes les fois que je monte en chaire, je tâche de me persuader que je prononce mon dernier sermon, et que mon auditoire m'entend pour la dernière fois. » Il disait souvent lui-même : « Si les pasteurs prêchaient en vue de l'éternité, ils deviendraient de vrais orateurs chrétiens, car alors ils s'efforceraient d'émouvoir, de réchauffer les cœurs, et ils ne feraient pas supposer à leurs auditeurs qu'ils font un trafic de vérités qu'ils ne sentent pas eux-mêmes. »

Whitefield se déroba à la popularité croissante dont il était entouré pour aller rejoindre dans le nouveau monde ses amis de collége, les deux frères Wesley ; mais il ne put, comme il l'espérait, travailler de concert avec eux dans la Géorgie, car le vaisseau sur lequel il se trouvait mit à la voile quelques heures seulement avant l'arrivée du navire qui ramenait Wesley en Angleterre.

Whitefield demeura un an en Géorgie, où il ne semble pas avoir rencontré les difficultés qui paralysèrent l'influence de Wesley. En 1789, il retourna en Angleterre pour y être consacré, et aussi pour recueillir des souscriptions au profit de l'établisse-

ment d'orphelins de Béthesda, dont l'histoire et les
succès excitèrent un vif intérêt parmi les chrétiens
d'Angleterre ; et cela d'autant plus qu'il n'existait à
cette époque aucune des grandes associations reli- •
gieuses qui fleurissent de nos jours, et fort peu
même d'établissements de bienfaisance.

La célèbre comtesse d'Hereford, donnant, à une de
ses amies qui se trouvait sur le continent, les nouvelles du jour, lui écrivait les lignes suivantes : « Je
» ne sais si vous avez entendu parler d'une nouvelle
» secte, celle des *méthodistes*. Ils ont à leur tête un
» jeune homme de vingt-cinq ans, nommé White-
» field, qui fait beaucoup de bruit depuis quelques
» mois ; à la campagne, il prêche en plein champ ;
» à Londres, dans les places publiques, à May-Fair,
» à Moorfields, etc. ; il a environ de dix à douze
» mille auditeurs. Il alla, il y a quelque temps, en
» Géorgie avec le général Oglethorpe, mais il est
» revenu pour être consacré, et je crois que depuis
» lors, il a prêché au moins une fois tous les jours,
» et le plus souvent deux fois. Au commencement,
» lui et quelques-uns de ses amis paraissaient n'a-
» voir d'autre but que de rétablir les coutumes pri-

» mitives de notre Église, quant aux sacrements,
» aux jeûnes prescrits, aux fréquentes prières, au
» soulagement des prisonniers, aux aumônes et aux
» visites chez les malades ; mais quelques pasteurs
» leur ayant refusé leurs chaires, ils se sont décidés
» à prêcher dans les champs ; leurs auditeurs sont
» si nombreux que tout le clergé du royaume en a
» été alarmé, et les représente comme des hypocri-
» tes et des enthousiastes. Quelques passages du
» dernier journal rédigé par M. Whitefield parais-
» sent justifier en partie la dernière épithète ; mais
» je crois que leur manière de vivre ne permet pas
» de les soupçonner d'hypocrisie. Quoi qu'il en soit ,
» l'évêque de Londres a jugé nécessaire d'écrire une
» lettre pastorale, pour engager les membres de
» son diocèse à ne pas se laisser entraîner par eúx ;
» et le docteur Trapp a publié un sermon sur la folie
» et le danger qu'il y a à être trop *rigide* en fait de
» religion, — doctrine, soit dit en passant, qu'il n'est
» pas nécessaire de prêcher aux gens par le temps
» qui court. »

Ce ne fut qu'au retour de son second voyage en
Géorgie, que des différences de vues sur quelques

points théologiques diminuèrent l'intimité qui jusqu'alors avait existé entre les deux plus grands prédicateurs de l'époque, Whitefield et John Wesley.
Ces divergences, nous ne pouvons les voir qu'avec
un sentiment de profonde tristesse, et nous ne saurions nous en consoler que par la pensée qu'il est
inévitable que de telles choses arrivent dans notre
état de faiblesse et d'imperfection.

Pendant que les nuages s'amoncelaient entre eux,
Whitefield écrivit ainsi à Wesley :

« Cher et honoré frère,

» Ecoutez encore une fois un enfant qui est prêt à
» vous laver les pieds. Je vous en supplie, par la
» miséricorde que Dieu nous a témoignée en Jésus-
» Christ notre Sauveur, si vous voulez que je con-
» tinue à vous aimer, ne m'écrivez plus au sujet des
» points sur lesquels nous ne sommes pas d'accord.
» Pourquoi discuterions-nous, puisque nous ne
» pouvons nous convaincre mutuellement? Ne ris-
» querions-nous pas de porter ainsi atteinte à notre
» amour fraternel et de détruire cette amitié que je
» demande à Dieu de maintenir toujours entre

» nous. Combien les ennemis du Seigneur ne se-
» raient-ils pas réjouis de nous voir divisés ! Et
» quel tort ne ferions-nous pas à la cause de notre
» commun Maître si nous discutions sur certaines
» doctrines ? Monsieur et honoré frère, continuons,
» croyez-moi, à offrir libéralement à tous les hom-
» mes le salut par le sang de Jésus, et ensuite fai-
» sons-leur part des lumières que Dieu a commu-
» niquées à chacun de nous. »

Qu'il serait heureux pour le monde chrétien, si
les sentiments admirables exprimés dans cette lettre
animaient tous les enfants de Dieu, trop disposés,
hélas ! à toujours contester les uns avec les autres !
Néanmoins, cette lettre remarquable ne parvint pas
à adoucir l'esprit résolu et peu accommodant de
Wesley, en sorte que la brèche s'élargit toujours
plus entre les deux amis; et comme malheureusement il se trouva de part et d'autre des disciples
qui attisèrent le feu, Whitefield écrivit plus tard à
Wesley sur un ton bien différent.

Ainsi, en présence de certaines questions dont
aucune intelligence humaine n'a jamais pu sonder les
profondeurs, une rupture devint inévitable. Quand

Whitefield retourna au lieu de ses premiers triomphes, *il vint chez soi, et les siens ne le reçurent
point.* Son école de Kingswood était entre les mains
de Wesley, et à Londres ses enfants spirituels se
réunissaient dans un local provisoire, qu'ils appelè-
rent le Tabernacle. Aussi Whitefield disait il avec
tristesse : « Le monde est en colère contre moi ; un
grand nombre de mes enfants dans la foi me re-
nient. Quelques-uns vont même jusqu'à dire que
Dieu me détruira dans quinze jours, et que ma chute
sera aussi grande que celle de Pierre. C'est à peine
maintenant si une seule personne vient me voir
dans la journée, et je n'ai pas plus de cent auditeurs
dans la commune de Kensington. De plus, je me
trouve dans des circonstances très-embarrassantes :
je dois 25,000 fr. pour la maison d'orphelins ; je suis
menacé d'être arrêté pour une dette de 5,000 fr. ; il
me faut payer mon voyage, et j'ai à pourvoir aux
besoins journaliers d'une famille de cent personnes
au-delà de l'Atlantique. Toute mon œuvre est à
recommencer. »

C'est ainsi que, divisés dans leurs conseils, et dé-
sunis dans leurs rangs, ces nouveaux apôtres parais-

saient presque avoir trahi la cause de leur Maître.
Mais cet autre Apollos, ce nouveau Céphas vont-ils
soutenir leurs prétentions avec opiniâtreté et ravir
à l'Eglise ses hommes et ses ressources ? Non ; il ne
devait pas en être ainsi.

Malgré les dissentiments qui malheureusement
avaient surgi entre eux, les chefs du mouvement
religieux comprirent mieux la grandeur de leur
mission ; leurs moyens d'action spirituels et les résultats déjà obtenus ne devaient pas être anéantis
par des discussions comparativement insignifiantes.
Ils avaient une tâche plus élevée à remplir. D'ailleurs Whitefield et Wesley avaient une sincère affection l'un pour l'autre, et la flamme sainte de la
charité évangélique brillait dans l'âme de chacun
d'eux ; tous deux ils aimaient un commun Maître,
tous deux ils avaient à cœur de servir sa cause. Et
quoiqu'ils ne pussent s'entendre sur quelques vues
particulières, ces deux éminents chrétiens n'en
étaient pas moins d'accord sur le point fondamental :
l'un et l'autre reconnaissaient l'impérieuse nécessité
de proclamer LE SALUT PAR UN SAUVEUR CRUCIFIÉ.

Quand nous voyons le dépit et le désespoir saisir

les hommes du monde, et parfois même les chrétiens, au déclin de leur popularité, combien n'est-
il pas réjouissant de tourner ses regards vers un
homme qui, connaissant la solidité de ses principes, y resta fermement attaché et contempla avec
calme les vagues de la disgrâce se briser autour
de lui !

« Qu'est-ce, après tout, que quelques coups de
langue ? dit Whitefield. Alors même que le peuple
de Dieu nous abandonne pour un temps, le Seigneur Jésus peut se tenir près de nous. O mon Rédempteur bien-aimé ! si par là tu veux me fortifier
dans mon homme intérieur, que mes ennemis me
plongent dans une fournaise embrasée, ou qu'ils me
jettent dans une fosse aux lions ! Souffrons pour Jésus avec un cœur joyeux : son amour adoucira toutes
les coupes, quelque amères qu'elles soient. Que
toute contestation cesse, et que chacun de nous
parle *uniquement de Celui qui a été crucifié : telle*
est, pour ma part, ma ferme résolution. »

Et sa vie tout entière, dans l'adversité comme
dans la prospérité, fut en harmonie avec cette déter-
mination. Une seule pensée le dirigea et le soutint

à travers sa longue et laborieuse carrière, ce fut de
prêcher Christ.

On ignore à quelle époque lady Huntingdon fit la
connaissance de Whitefield. Au retour de son voyage
dans le pays de Galles, on attendait en Angleterre
ce grand serviteur de Dieu, qui venait de visiter
l'Amérique pour la troisième fois. Lorsqu'il aborda à
Deal, elle envoya Howel Harris, pour l'engager à
venir loger chez elle à Chelsea. Il prêcha dans cette
ville devant un nombreux auditoire de mondains,
qui se réunissaient dans ce séjour à la mode. Lady
Huntingdon, voulant s'efforcer d'être utile à cette
classe d'auditeurs, se rendit ensuite à Londres,
nomma Whitefield son chapelain, et durant l'hiver
de 1748 à 1749 ouvrit sa splendide habitation à la
prédication de l'Evangile.

« La bonne lady Huntingdon, écrit Whitefield à
cette occasion, est venue en ville et je dois prêcher
chez elle devant une assemblée de grands et de nobles selon le monde. Oh! si quelques-uns d'entre
eux pouvaient goûter, par le moyen de mes prédications, le fruit de l'amour qui nous a rachetés ! »
— Au jour fixé, Chesterfield, Bolingbroke et l'élite

de la noblesse anglaise se réunirent chez la comtesse ;
ayant entendu une première fois l'illustre prédicateur, ils désirèrent l'entendre une seconde.— « Lord
Chesterfield me remercia, dit Whitefield ; lord Bolingbroke fut ému et me demanda d'aller le voir le
lendemain matin. Il y a beaucoup à faire dans les
rangs élevés de la société. Tout le monde m'a écouté
avec attention. — C'est ainsi que les dispositions
des hommes changent : *Seigneur, délivre-moi dans
le temps de ma prospérité !* »

Quoique Whitefield, en s'adressant aux nobles,
employât les titres honorifiques en usage en Angleterre, il ne recula jamais devant l'accomplissement
de son devoir, mais avertit, censura, exhorta les
grands, comme il l'avait fait les petits, avec fidélité
et affection. Il écrivit au vieux marquis écossais de
Lothian, qui désirait d'être chrétien, mais à la manière de Nicodème : « Pour ce qui regarde le culte de
» famille, je vous supplie de ne pas le négliger ;
» c'est un devoir pour vous. Allez à Christ pour
» surmonter les craintes que vous éprouvez ; elles
» proviennent soit de l'orgueil, soit de l'incrédulité,
» peut-être même de ces deux péchés. »

Les derniers moments de lord Saint-John, un des hommes distingués qui suivaient les prédications de Whitefield, furent marqués par une circonstance bien rare chez les personnes de son rang; après avoir entendu un passage de la Bible, le malade s'écria : « O Dieu ! sois apaisé envers moi qui suis pécheur ! » — Lady Huntingdon écrivit à ce sujet à Whitefield : « Lord Bolingbroke a été très-frappé de » la manière dont son frère a parlé un instant » avant de mourir. Oh ! si ses yeux pouvaient être » ouverts par la clarté de la vérité divine ! Quel état » effrayant est le sien ! j'ai bien peur que cet Evan- » gile qu'il méprise dans son cœur et qu'il affecte » cependant de respecter, ne lui fasse éprouver » beaucoup d'amertume à l'heure de la mort. Parmi » le grand-nombre de ceux qui vous entendent an- » noncer la vérité, quelques-uns, je l'espère, sont » réveillés à salut; ainsi le Maître de la moisson a » honoré votre ministère et a encouragé nos faibles » efforts. »

Une réunion de prière fut établie par lady Huntingdon pour les femmes décidées à abandonner le monde et à suivre Christ. Parmi les dames de qua-

lité qui fréquentaient. cette réunion, étaient lady
Frances Gardiner, lady Mary Hamilton (fille du marquis de Lothian, qui avait en Ecosse écouté les prédications de Whitefield), lady Gertrude Hotham, et
la comtesse de Delitz, sœur de lady Chesterfield ;
lady Chesterfield ᾽elle-même et lady Shirley se
joignirent bientôt à elles. Ce fut à l'occasion de cette
dernière qu'Horace Walpole adressa à un de ses
amis qui voyageait à l'étranger les lignes suivantes, écrites sur le ton léger et moqueur qui lui était
habituel.

« Si vous pensez à revenir en Angleterre, il faut
» vous préparer à rencontrer le *méthodisme* : cette
» secte s'accroît aussi rapidement que toutes les au-
» tres folies religieuses. Le croirez-vous? lady Fanny
» Shirley elle-même vient d'y faire son entrée !
» elle y apporte en offrande les restes de sa beauté
» flétrie, et M. Littleton sa réputation d'inconstance
» et de légèreté. Les méthodistes aiment, dit-on, les
» grands pécheurs : en vérité, ils peuvent en faire
» une ample récolte ! »

Un auteur chrétien a observé avec beaucoup de
justesse : « Il fallait aux nouveaux convertis de cette

époque de puissantes consolations, pour qu'ils pussent résister d'une part aux appâts séducteurs que
leur offraient une cour frivole, une noblesse pleine
d'esprit, et de l'autre aux raisonnements sophisti-
ques des docteurs et des savants du siècle qui plai-
daient en faveur d'une religion formaliste. Il n'y a
que la joie que donne le Seigneur qui ait pu les
soutenir dans de pareilles épreuves. Le bonheur
qu'ils trouvaient dans la piété, était la meilleure
garantie de la sainteté de leur vie. Les moqueries
auxquelles ils étaient en butte ne pouvaient leur
ravir une espérance qui leur venait de Dieu. Sans
doute, un mot spirituel, une raillerie, peut bien
représenter la foi des enfants de Dieu, comme un
pur effet de l'imagination; mais aucun argument,
aucun sarcasme ne convaincra jamais ceux qui possèdent dans leur cœur l'espérance, la paix et la joie,
que ces réalités ineffables ne sont que des absurdités. Ni les accusations sévères d'un Warburton, ni
le persifflage poli d'un Chesterfield, ne sauraient
ébranler le cœur du croyant et y détruire la paix intérieure dont il jouit ou la douce satisfaction qu'il
éprouve en s'approchant de son Dieu. Aussi les cri-

tiques malveillantes qui les assaillaient n'avaient-
elles aucun pouvoir sur le cœur de ces femmes de
haut rang, qui avaient trouvé sur la croix et au pied
du trône de miséricorde, le bonheur qu'elles avaient
cherché en vain dans le monde. »

« On ne s'est jamais autant occupé de religion
» qu'aujourd'hui, écrivait à Doddridge lady Hun-
» tingdon ; quelques grands personnages réunis chez
» moi écoutent patiemment l'Evangile, et ainsi, par la
» prédication de M. Whitefield, il se répand beau-
» coup de bonne semence. Oh ! puisse cette semence
» de vie tomber dans une bonne terre, et produire
» des fruits abondants !

» J'ai eu hier le plaisir de dîner avec M. Gibbon et
» M. Gristenden. Lord Lothian et lady Frances Gar-
» diner les avaient engagés à se réunir à nous, et
» nous avons passé ensemble une journée vraiment
» céleste ; nos cœurs et nos voix s'unissaient pour
» louer le Seigneur, pour le prier et parler de lui ! Il
» y avait aussi une autre dame, qui depuis votre dé-
» part s'est tournée vers Sion. J'aime à croire que les
» *femmes vertueuses* ne sont pas en petit nombre ici ; la
» persévérance portera ses fruits, et si nous aimons le

» Seigneur nous devons veiller sur ses agneaux. J'és-
» père qu'il nous aidera à entretenir la flamme de son
» amour dans les cœurs que sa grâce a touchés : c'est
» là ce que nous sommes appelés à faire pour le meil-
» leur des maîtres que nous puissions servir, soit dans
» le temps soit dans l'éternité. Que nos mains ne se
» relâchent donc pas ; combattons pour nous-mê-
» mes et pour tous ceux qui sont morts dans leurs
» péchés, jusqu'à ce que le jour éternel luise enfin
» pour nous et que les ombres du temps aient dis-
» paru. »

Tandis qu'elle se préoccupait du bien spirituel
des personnes de son rang, lady Huntingdon ne
s'intéressait pas moins à ceux qui étaient dans une
position au-dessous de la sienne ; sa maison leur était
toujours ouverte, afin qu'ils eussent l'occasion d'acquérir, eux aussi, cette *foi qui vient de ce qu'on entend.*
Dans la semaine, sa cuisine était remplie de pauvres, auxquels elle fournissait tous les moyens d'édification qu'il était en son pouvoir de leur procurer.

Pendant ce temps, de bonnes et de mauvaises
nouvelles arrivaient du pays de Galles. Des orages se
préparaient pour la campagne d'hiver d'Howel Har-

ris. La bourgeoisie regardait ses travaux de mauvais œil, les magistrats prenaient une attitude menaçante, et les pauvres qui soupiraient après les bonnes paroles de l'Evangile étaient opprimés, harcelés, persécutés. Pendant une tournée d'évangélisation, Harris ne quitta point ses vêtements durant sept jours et sept nuits ; il était obligé de joindre sa petite congrégation, soit à minuit, dans des lieux solitaires, soit à l'aurore, dans des ravins ou des cavernes de rochers, afin d'échapper à la vigilance de ses ennemis.

« Un de mes pauvres auditeurs, raconte Harris, fut condamné à une amende de 25 schellings envers sir Watkins Wynn, et l'un d'eux, qui avait déjà dû payer cette somme, fut encore obligé de payer 7 schellings ; c'est la troisième fois que les pauvres brebis de ce bercail ont été ainsi traitées. »

Aussitôt que lady Huntingdon eut connaissance de cette affaire, elle fut indignée de l'injustice et du fanatisme de sir Watkins Wynn ; déployant alors l'énergie qui la caractérisait, elle fit au gouvernement des représentations sur cette infraction de l'acte de tolérance ; les magistrats furent censurés par l'autorité supérieure, et Watkins Wynn reçut l'ordre de restituer aux opprimés les amendes qu'il leur avait imposées.

Cependant il y eut d'honorables exceptions parmi les magistrats du pays de Galles. Un jour Harris ayant donné rendez-vous aux paysans près de Garth, dans le comté de Brecon, résidence de sir Marmaduke Gwynne, ce gentilhomme, effrayé des rapports qu'on faisait sur le missionnaire, résolut de faire son devoir comme magistrat, en s'opposant à ce qu'il croyait être une émeute. Regardant le prédicateur de l'Evangile comme un véritable boutefeu, qui menaçait de jeter la perturbation dans l'Eglise et dans l'Etat, sir Marmaduke se prépara à lui résister par la force. Toutefois, avant de partir, il dit à sa famille : « *J'entendrai moi-même* cet homme avant de le faire mettre en prison. » — En conséquence, il se mêla à l'assemblée, attendant toujours que quelque parole séditieuse lui fournît un motif pour se saisir de lui. Mais bientôt il écoute dans de toutes autres dispositions. — « Cet homme est un véritable apôtre ! se dit-il avec étonnement, à mesure que la parole fervente du serviteur de Dieu pénètre dans son âme. Le procès-verbal qu'il

avait apporté demeura dans sa poche, et, à la fin
du discours, il s'avança vers la plate-forme, serra
affectueusement la main de Harris, confessa ses in-
tentions, lui demanda pardon, le supplia de prêcher
tant qu'il vivrait, et le ramena à Garth pour y sou-
per chez lui. Dès-lors, toute la famille Gwynne se
montra favorable au nouveau mouvement. Indiffé-
rent à la censure, sir Marmaduke, en particulier,
prit ouvertement le parti des méthodistes, et usa de
toute son influence pour répandre l'Evangile dans
les environs. Une de ses filles épousa plus tard
Charles Wesley.

Au mois de février 1749, Whitefield quitta Londres pour un peu de temps, non en vue de *se reposer*, car il ne connut jamais un repos complet,
mais afin de réparer ses forces dans un milieu
moins excitant que la capitale.

De son côté lady Huntingdon alla à Clifton. Son
fils aîné, ayant atteint sa majorité, et pris possession de Donnington Park, de Ledstone Hall, et de
diverses autres propriétés auxquelles lui donnait droit
son titre de comte d'Huntingdon, partit pour le continent, — voyage qui commençait déjà à être fort à

la mode. A Paris, il fut cordialement accueilli par les Anglais les plus distingués, auxquels il fut présenté par lord Chesterfield comme étant l'un des premiers pairs de l'Angleterre, sous le rapport du mérite aussi bien que sous celui de la naissance.

La fille aînée de la comtesse, lady Elisabeth Hastings, admirée pour sa grâce et ses nombreuses qualités, fut nommée, au mois de mars de la même année, dame d'honneur des princesses Amélie et Caroline , sœurs de Georges III. Elle ne demeura que quelques mois en fonctions. Horace Walpole avait écrit à cette occasion : « La reine des méthodistes a placé sa » fille comme dame d'honneur auprès des princes- » ses ; mais cela ne durera pas , car elle ne lui per- » mettra jamais de jouer aux cartes le dimanche. »

CHAPITRE V.

Romaine.

Quel est cet homme au pas vif et alerte, à l'œil clair et brillant ? Sa figure est maigre, ses traits accentués ; ses manières, qui n'ont rien d'élégant, sont tout-à-fait en harmonie avec son habit de forme antique, et les bas bleus qu'il porte habituellement. Il n'a pas un instant à consacrer aux usages du monde, aux convenances de la société, car des soins et des devoirs nombreux absorbent son temps, et il veut en disposer avec sagesse, comme d'un bien dont il devra rendre compte. Cet homme c'est le révérend William Romaine, pasteur à Londres, dont les prédications, tournées en ridicule par quelques-uns de ses contemporains, faisaient l'admiration des autres, et dont les ouvrages, il y a cinquante ans encore, occupaient une des premières places dans les bibliothèques de nos pères.

Se trouvant à Oxford en même temps que Wesley et Whitefield, Romaine les évitait et les méprisait à cause de leurs convictions religieuses. C'est dire qu'à cette époque il était encore complètement étranger à la piété, mais il était le fils de parents chrétiens qui l'avaient instruit dans la doctrine du salut, et qui ne cessaient de prier pour lui ; aussi, la grâce de Dieu finit-elle par toucher son cœur, et dès-lors il voulut se consacrer à son service. Après avoir reçu les ordres, il passa sept années à préparer une nouvelle édition de la concordance hébraïque et du lexique de Marius de Calasio. Il était venu à Londres en 1747, pour hâter l'impression de ce livre. Après avoir terminé ses affaires, il se préparait à quitter la capitale pour retourner auprès de ses amis, dans le nord de l'Angleterre. Sa malle était déjà à bord, et il allait s'embarquer lui-même, lorsqu'un inconnu l'arrêta en lui demandant s'il ne s'appelait pas Romaine. — « C'est, en effet, mon nom, » répondit-il tout surpris. — « J'ai été l'ami de votre père, et je vous ai reconnu au premier coup-d'œil, » dit l'étranger. Ils causèrent ensemble, et ce-lui-ci parla des paroisses de Saint-Georges et de Saint-Botolph auxquelles on allait nommer un suffragant ; cette nomination, dit-il, dépendait en grande par-tie de lui, et il offrit à Romaine d'user de son in-fluence en sa faveur. C'est cette rencontre acciden-telle et rapide qui décida, humainement parlant, de la carrière de Romaine.

« Il est curieux de voir, dit le docteur Haweis, à ce sujet, combien les petites causes peuvent amener de grands effets, sous la direction de la Providence. Si l'étranger n'avait pas rencontré M Romaine, s'il ne l'avait point reconnu et abordé, si la place de pasteur suffragant de Saint-Georges n'avait pas été vacante, en un mot, si une multitude de circon-stances n'avaient pas coïncidé à ce moment précis, les travaux du grand prédicateur auraient été, à vues humaines, perdus pour la métropole ; il n'aurait pas exercé ce ministère béni, au sujet duquel des

millions d'âmes rendront grâces au Seigneur pendant
toute l'éternité. C'est ainsi que Dieu dirige toutes les
circonstances en se servant de nous comme d'instruments, pour accomplir sa volonté. »

Une alarme générale régnait à Londres en 1749 ;
chacun semblait s'attendre à voir les jugements de
Dieu éclater sur cette ville. La démoralisation uni-
verselle qui y régnait, l'impiété, l'endurcissement
de ses habitants, les menaces énergiques des nouveaux prédicateurs, les tremblements de terre qui
ravageaient le continent, — tout se réunissait pour
inspirer au peuple la crainte d'un juste châtiment,
et l'appréhension terrible de prochaines calamités. Il
est des époques dans l'histoire des peuples où des
sociétés entières sont comme frappées de panique, et
bouleversées par la pensée de Dieu. Enfin une secousse de tremblement de terre se fit sentir à Londres avec une grande intensité. Les maisons furent
ébranlées, les cheminées renversées; une foule immense abandonna la ville, et chercha un refuge
dans les champs. Les environs de Londres étaient
encombrés d'hommes, de femmes et d'enfants en
proie à la frayeur la plus vive. Les lieux de culte

étaient combles. Whitefield dut une fois se rendre
à minuit à Hyde-Park pour parler à une foule ter-
rifiée. Romaine cherchait aussi à tirer parti de ces
circonstances solennelles, non-seulement par ses prédications fidèles, mais aussi par la publication d'un
ouvrage qui pouvait pénétrer où sa voix n'était pas
entendue. On vit paraître également à cette époque
un sermon du docteur Doddridge, ayant pour titre :
*Le péché et la punition de Capernaüm, signalés à
l'attention des habitants de Londres.* Pour donner
une idée de ce discours, citons quelques passages
de la préface.

« Mes frères, commence le prédicateur, vous avez
eu dernièrement des preuves nombreuses et surprenantes du souverain pouvoir de cet Être infini et
adorable que vous oubliez si facilement au milieu
de vos occupations et de vos plaisirs. Pendant les
cinq dernières semaines, sa main a ébranlé jusque
dans ses fondements notre grande cité, et a fait
trembler dans leurs demeures des millions d'habitants. Les palais des grands de ce monde n'ont pas
été épargnés, afin que nos princes, eux aussi, devins-
sent intelligents, que nos juges et nos législateurs

reçussent instruction. Or, je vous le demande, la
voix du tremblement de terre n'est-elle pas semblable à celle de l'ange de l'Apocalypse qui, volant au
milieu du ciel, criait d'une voix forte : *Craignez
Dieu, glorifiez son saint nom, bénissez celui qui a
créé le ciel et la terre* (1) ? Sans doute, je regarde les
évènements qui viennent de s'accomplir comme étant
produits par des causes naturelles ; mais souvenez-
vous à votre tour que ces causes elles-mêmes sont
dirigées par Celui qui, depuis le jour où il posa les
fondements de la terre, a connu les moindres détails
de sa formation. Vos cœurs ne sont-ils pas remplis
d'effroi, surtout en considérant combien les habitants de Londres, et chacun de vous en particulier,
vous avez provoqué la vengeance de Celui qui est la
sainteté même ? La seconde secousse a été, vous le
savez, plus forte que la première ; et la troisième
ne sera-t-elle pas plus terrible encore ? Qui sait si
celle que vous venez de ressentir, n'est pas un miséricordieux avertissement, afin que vous ayez à vous
préparer pour l'éternité, avant d'être précipités dans

(1) Apoc. , VI , 7.

cette vaste tombe qui engloutira les vivants et les
morts? Rappelez à votre mémoire les impressions que
vous venez d'éprouver. Croyez-vous que dans ce
moment d'épouvante, vous eussiez pu vous préparer pour l'éternité, alors même que cette prépara-
tion d'un instant eût dû assurer votre salut éternel ?
D'ailleurs, ne vous y trompez pas, le cri de terreur
que vous auriez poussé, l'exclamation qui vous aurait échappé en vous sentant engloutis: *Seigneur aie
pitié de nous !* toutes ces marques d'un tardif repentir
auraient signifié bien peu de chose de la part de
ceux qui ont si longtemps méprisé la grâce, et que
cette extrémité seule aurait contraints à y recourir.

« O Londres, Londres ! s'écrie ensuite le prédicateur, ma chère patrie ! toi qui renfermes tant d'êtres
qui me sont chers, toi qui es le siége de nos princes et de nos sénateurs, le centre du gouvernement,
le cœur de notre royaume, lequel doit souffrir, trembler et mourir tout entier avec toi, — combien tu
t'élèves vers le ciel, combien ta gloire s'accroît et
resplendit ! Que ta magnificence est grande, que ton
commerce est étendu, que tes habitants sont nombreux, libres et privilégiés ! privilégiés, surtout quant

aux choses spirituelles, privilégiés, parce qu'ils entendent le pur Evangile, si fidèlement prêché au milieu
d'eux ! Mais tandis que nous considérons l'élévation
à laquelle tu es arrivée, ne devons-nous pas aussi
trembler, de peur que tu ne tombes d'autant plus
bas, et que tu ne sois ensevelie dans l'abîme? Ma
position ne me permet pas de bien juger par
moi-même de l'état moral de notre métropole;
mais qui pourrait, sans être saisi de crainte, entendre ce qui se dit généralement à son sujet?
Qui ne serait ému, comme Paul à Athènes, en
voyant cette grande cité livrée à la vanité, au luxe,
à la dépravation? Calomnie-t-on notre capitale lorsque l'on dit que la plus grande démoralisation règne
parmi ses habitants, que l'indifférence religieuse
prévaut même chez les meilleurs, que le culte divin
est négligé ou suivi avec froideur, tandis que les
lieux de réjouissance sont encombrés par une foule
passionnée qui semble s'être vouée tout entière au
plaisir et non pas à son Dieu? Est-il vrai que le dimanche, loin d'être observé, est consacré à des divertissements profanes ou perdu dans la paresse et
les excès? Est-il vrai que les hommes des classes

élevées cherchent à s'élever toujours davantage, que,
se livrant à une ambition effrénée, ils se jettent
dans un tourbillon d'affaires dont ils ne peuvent se
retirer qu'après avoir consommé leur propre ruine
et celle de beaucoup de familles? Est-il vrai que la
classe pauvre est ignorante et brutale, et que les
hommes pieux qui s'efforcent de porter remède à
ces maux sont accusés d'extravagance et d'enthousiasme? Est-il vrai, en un mot, que la religion de
notre divin Maître est reniée et blasphémée par la
multitude? Mes frères, ce tableau est-il exact? Je
ne prends pas sur moi de répondre à cette question
d'une manière absolue, mais j'ose dire que si les
choses sont dans cet état, Londres, toute riche, toute
grande, toute glorieuse qu'elle est, a sujet de trembler, précisément à cause du mauvais usage qu'elle
a fait de ses richesses, de sa grandeur et de sa
gloire. »

Tandis que quelques prédicateurs profitaient ainsi
de l'alarme générale pour faire pénétrer la vérité divine dans les cœurs, le peuple de son côté se montrait avide d'instruction. L'église de Saint-Georges
où prêchait Romaine était comble, ce dont se plai-

gnirent quelques-uns des auditeurs habituels. Le
vieux comte de Northampton fit alors remarquer
aux mécontents qu'on supportait sans se plaindre
une foule plus grande encore au bal , au spectacle ,
ou dans toute autre réunion de ce genre : « Or,
disait-il , si le talent d'attirer la foule excite l'admiration quand il est question de Garrick, pourquoi
l'imputerait-on comme un crime à Romaine ? Le talent doit-il donc être dédaigné parce qu'il a rapport
aux choses de Dieu ? »

Mais si l'auditoire était satisfait des prédications
de Romaine, le recteur de la paroisse ne l'était pas.
Le zèle chez un prédicateur était alors considéré ,
en quelque sorte, comme le péché irrémissible de
la chaire , parce qu'il condamnait la plus grande
partie du clergé dont les enseignements étaient un
pur formalisme. Romaine fut donc subitement des-
titué de sa cure. Renvoyé de Saint-Georges, et re-
grettant d'abandonner plusieurs de ses paroissiens,
il essaya de les réunir dans la maison de l'un d'eux;
cette tentative fut regardée comme illégale : le pasteur fut menacé d'être poursuivi devant la cour ecclésiastique. A cette nouvelle, lady Huntingdon l'in-

vita à venir dans sa maison de Londres et le nomma
son chapelain. Dès ce moment, soutenu par une
protectrice aussi puissante, Romaine continua ses
travaux avec plus d'énergie que jamais. Il avait alors
trente-cinq ans.

« Dieu a ébranlé la capitale d'une manière terri-
» ble, écrivait Whitefield à lady Huntingdon ; c'est,
» j'en ai l'espérance, afin d'ébranler aussi les pé-
» cheurs endormis, et de leur arracher ce cri : *Que*
» *faut-il que nous fassions pour être sauvés?* Quant
» à vous, madame, depuis longtemps vous avez été
» amenée à croire au Seigneur Jésus. Quelle faveur
» inouie ! être arrachée comme un tison du milieu
» du feu, faire partie de ce petit nombre de puis-
» sants et de nobles qui sont appelés par la grâce
» de Dieu : quelle faveur, je le répète ! Qu'est-ce
» qui pourrait ébranler une âme appuyée sur le
» Rocher des siècles ? Le vent soufflera, l'orage se
» déchaînera sur ceux-là mêmes qui sont les plus
» élevés ; mais celui qui se confie en l'Eternel ne
» sera jamais confus. »

Mais à l'approche du printemps, fuyons le tu-
multe, l'agitation de la grande ville, et transpor-

tons-nous au milieu des paisibles beautés de la
campagne. Suivons Whitefield à Northampton ,
sous le toit hospitalier du docteur Doddridge. La
visite de cet hôte célèbre et d'un caractère un peu
remuant ne trouble nullement la douce paix de ce
simple intérieur de famille ; les enfants se rassem-
blent autour de Whitefield , attirés par la tendre
affection qu'il leur témoigne. Avec quelle vivacité il
leur fait le récit de ses travaux à Londres ! Il leur
parle de la bonne comtesse, il leur raconte ses
voyages dans les forêts vierges du nouveau-monde,
et les enfants l'écoutent avec le plus vif intérêt. Il
s'entretient aussi avec les parents des choses merveilleuses de Dieu, il annonce aux jeunes gens de
l'académie le glorieux Evangile du Rédempteur. Mais
les conversations ne lui suffisent pas. Nous le trouvons le matin prêchant dans la maison de Doddridge
et le soir dans un champ, à un auditoire de deux
mille personnes. Pendant son séjour à Northampton,
il reçoit la visite de l'un de ses anciens disciples
d'Oxford, James Hervey. Celui-ci est maintenant
pasteur d'un village des environs. De grands personnages se rendent dans sa petite église, car il a

acquis de la célébrité par ses écrits. Il s'est fait connaître surtout par un ouvrage intitulé : *Méditations au milieu des tombeaux*, livre d'abord très-populaire, mais qui est maintenant tombé dans l'oubli, non pas tant à cause du ton sérieux qui y règne, que de son style un peu vaporeux et affecté.

Hervey écoutait Whitefield avec transport. « J'ai passé une délicieuse soirée, s'écriait-il ; je n'ai jamais vu personne qui parût éprouver comme Whitefield les avant-goûts de la félicité céleste. »

Nous trouvons aussi chez Doddridge le docteur Stonehouse, autrefois l'ami et le médecin de la famille, maintenant médecin des âmes. A son arrivée à Northampton, il était un impie déclaré ; mais les prédications, les entretiens, les écrits de Doddridge et d'Hervey l'ont conduit à chercher en Jésus-Christ un refuge contre la colère à venir. Il s'établit plus tard dans le comté de Wilts et fut le pasteur d'Hannah More, qui le représente sous le nom de M. Johnson, dans son traité si connu : *Le berger de la plaine de Salisbury.*

Lady Huntingdon était alors à Ashby, à 50 milles de Northampton ; Doddridge alla lui rendre visite, et, pendant son séjour chez elle, il prêchait et faisait les divers services, de concert avec le chapelain de la maison. « Voilà, disait de lui la comtesse, un esprit véritablement catholique qui, mettant de côté tout esprit de parti, cherche avant tout l'avancement du règne de Dieu. Je voudrais que tous les pasteurs dissidents lui ressemblassent, qu'ils fussent, comme lui, moins attachés à des questions secondaires et plus résolus à publier le glorieux Evangile partout où des hommes peuvent l'entendre, que ce soit dans une église, une chapelle, un champ ou une grange; je voudrais, en un mot, qu'ils cherchassent à gagner des âmes à Christ, plutôt qu'à convaincre leurs frères d'erreurs dans la discipline ecclésiastique. »

Whitefield, dans son voyage, s'arrêta aussi à Ashby. — « Cette maison est un second Béthel! s'écrie-t-il; nous prenons chaque matin la cène; le jour se passe en conversations véritablement célestes, le soir il y a prédication. C'est une fête continuelle. » — Ce tableau ne rappelle-t-il pas à l'esprit la manière de vivre des premiers chrétiens *qui persévèraient d'un commun accord dans le temple,*

*rompant le pain de maison en maison, mangeant
avec joie et simplicité de cœur, louant Dieu* (1)?

Mais les prédications d'Ashby et l'esprit qui y régnait ne plaisaient pas au voisinage. Il y eut plusieurs émeutes dans les environs, et les dissidents
furent accusés d'en être les instigateurs. Whitefield
nous en révèle la véritable cause : « Hélas! dit-il,
l'inimitié du serpent est grande et invétérée ! » — Il
resta à Ashby quinze jours, travaillant avec zèle à
l'œuvre de son Maître ; de là, il se rendit à Ken-
dal, puis à Nottingham, où la foule accourait de
tous côtés pour l'entendre. « Dans quelques endroits,
raconte-t-il, Satan prévenait mon arrivée en ras-
semblant le peuple pour un combat d'ours ; mais
les flèches du Seigneur étaient puissantes pour dis-
perser la foule. »

A Rotherham, plusieurs jeunes gens, réunis dans
une auberge, firent un pari pour savoir lequel imi-
terait le mieux Whitefield. Chacun à son tour monta
sur la table, et, la Bible ouverte devant lui, excita
la gaîté de ses compagnons en tournant en ridicule

(1) Actes, II, 46, 47.

les sujets les plus sacrés. L'un d'eux, nommé Thorpe, devait clore la scène : « Je vous surpasserai tous, » dit-il en prenant place. Ouvrant alors la Bible, il lut cette parole solennelle : *Si vous ne vous repentez, vous périrez.* Soudain, son âme est comme transpercée ; il parle, mais ses paroles sont celles qu'un mourant pourrait adresser à de pauvres mortels. Un profond saisissement parcourut la salle ; ceux qui étaient venus pour se moquer revinrent chez eux en pleurant. Par la suite, ce jeune homme devint un pasteur fidèle, et son fils fut l'un des ministres suppléants attachés à la chapelle de Whitefield, à Londres.

Whitefield visita Aberford, où se trouvaient lady Marguerite et le révérend Ingham ; ce dernier et un autre pasteur, M. Grimshaw, l'accompagnèrent pendant le reste de son voyage dans le comté de York. Cette tournée d'évangélisation fut des plus intéressantes, ainsi que nous le voyons par les lignes suivantes, que Whitefield adressa de Leeds à lady Huntingdon :

« Hier au soir et ce matin à huit heures, j'ai » prêché à des milliers de personnes. Il me semble

» que je suis arrivé dans un autre climat, et quel
» beau climat que celui où l'on trouve un si grand
» nombre d'enfants de Dieu ! Nous devons passer la
» Pentecôte chez M. Grimshaw. Lorsque nous étions
» dans sa cure, la sainte cène a été distribuée,
» non-seulement aux communiants ordinaires, mais
» aussi à des centaines de personnes des environs,
» qui se pressaient pour la première fois, autour de
» la table sacrée : il semblait réellement que l'Es-
» prit saint descendait au milieu de nous. »

« La plume est impuissante pour décrire les scè-
» nes que nous avons contemplées, écrit-il aussi à
» Hervey. Depuis mon départ d'Ashby, soixante-dix
» ou quatre-vingt mille personnes sont venues m'en-
» tendre. A Haworth, le dimanche de Pentecôte,
» l'église a été remplie trois fois de communiants.
» C'est vraiment un temps béni. »

Après avoir parcouru encore les comtés de Lan-
caster, de Westmoreland, de Cumberland, l'infatigable serviteur de Dieu partit pour l'Ecosse. Quittons-
le un instant pour dire quelques mots sur Hervey.
En raison de sa santé faible et délicate, on lui conseilla un changement d'air, et il passa l'hiver sui-

vant à Londres. Lady Huntingdon l'avait recommandé
à deux de ses amies, lady Shirley et lady Hotham,
chez lesquelles il prêcha souvent. C'est à la première
qu'il dédia son ouvrage : *Théron et Aspasio.*

Au commencement d'octobre, Whitefield revint
d'Écosse et s'arrêta de nouveau à Ashby. Il écrivait
de là à Doddridge :

« Votre bonne lettre m'est parvenue pendant mon
» séjour chez la comtesse; on peut dire en toute
» vérité de cette chrétienne d'élite que sa lumière
» devient de plus en plus éclatante, jusqu'à ce que
» le jour brille en sa perfection. »

Sous le toit hospitalier de lady Huntingdon se
trouvaient alors cinq pasteurs. — « C'est un temps
» de rafraîchissement en la présence de Dieu,
» écrit-elle ; plusieurs membres de notre petit cer-
» cle ont été remplis d'un nouvel amour pour Dieu ;
» ils ont éprouvé un bonheur ineffable. Il est impos-
» sible de concevoir une joie plus réelle que celle
» dont nous jouissons. Les sermons et les entretiens
» de Whitefield sont pressants, pleins d'expérience
» et de sérieux. Dieu est avec lui d'une manière
» merveilleuse. »

Le docteur Stonehouse était l'un des pasteurs réunis à Ashby. Il se trouvait ainsi en rapport avec les hommes les plus célèbres sous le point de vue religieux ; plusieurs étaient même ses amis ; cependant, il paraît avoir conservé de la répugnance pour le nom de méthodiste. C'est peut-être à ce sujet que lady Huntingdon lui écrivait un jour : « Allez courageusement en avant ; ne craignez point » l'opprobre des hommes ; prêchez le don ineffable » de Dieu aux pauvres pécheurs. »

« Pour l'amour de Christ, écrit également White- » field à Hervey, exhortez le docteur Stonehouse à » se montrer *un homme*, maintenant qu'il a pris la » robe. » — Au docteur lui-même, il disait : « Mes » pensées et mes prières vous ont suivi depuis que » nous sommes séparés. N'est-il pas merveilleux de » voir comment le Seigneur Jésus veille sur vous? » Il vous éloigne avec douceur de la tentation. Oh! » suivez la route qu'il vous trace, cher ami, et ne » reculez devant aucun sacrifice qu'il pourra vous » demander, fût-ce même celui de votre Isaac le » plus chéri. Il veut que sa loi soit notre guide » et que notre cœur lui appartienne tout entier,

» Les Agag crient merci, mais ils doivent être
» mis en pièces. Agissez avec courage et soyez de
» toutes manières un bon soldat de Jésus-Christ. »

Stonehouse répondit en ces termes aux exhortations de lady Huntingdon :

« Permettez-moi de vous exprimer ma profonde
» reconnaissance pour la fidélité avec laquelle vous
» m'avez présenté mes devoirs, devoirs importants,
» sérieux et honorables à la vérité, mais aussi bien
» difficiles à remplir. Que de saints exemples n'ai-je
» pas devant moi, dans la piété vivante et le minis-
» tère fidèle de Doddridge, de Hervey, de White-
» field! Puissé-je être leur imitateur comme ils le
» sont de Christ, afin que, malgré les légères diffé-
» rences qui existent dans nos vues, nous soyons
» tous réunis devant le trône de Dieu et de
» l'Agneau! »

Le docteur Stonehouse devint par la suite le prédicateur le plus élégant de l'époque.

CHAPITRE VI.

Doddridge.

Nous trouvons une belle exposition des principes de Doddridge dans un de ses sermons prêché, en 1750, devant une assemblée de pasteurs à Créaton (comté de Northampton), sur *la Droiture et l'Union chrétienne.*

« Il est impossible, dit le prédicateur de l'Evangile, que nous soyons parfaitement d'accord sur tous les points de doctrine ou de discipline, sur l'importance et l'utilité de toutes les formes du culte. Les hommes diffèrent entre eux par leurs sentiments, ils diffèrent par leur intelligence et par leur manière d'envisager les choses ; des concessions ont été faites de part et d'autre, il est vrai ; on est convenu d'admettre certains principes ; et pourtant, quand on veut discuter avec logique ces mêmes principes, on en vient à des conclusions différentes. Mais, malgré ces divergences inévitables, si nous et nos frères nous nous accordions sur les vérités principales que le christianisme ·nous enseigne, cet accord unirait nos cœurs plus que toutes nos légères différences de vue ne peuvent les diviser. Révérer avec un sentiment filial le Dieu du ciel, l'adorer en toute sincérité de cœur ; honorer Jésus son Fils comme *la splendeur de sa gloire, l'image empreinte de sa personne,* comme le sceau de tout ce qu'il a plu à Dieu de nous faire connaître comme le dernier mot de sa révélation ; s'abstenir consciencieusement de tout ce que nous savons être mal ; vivre, autant qu'il est permis à la faiblesse de la nature humaine, *sobrement, justement et religieusement,* tout en ne regardant qu'à la miséricorde de notre Seigneur Jésus-Christ pour obtenir la vie éternelle ; s'affectionner aux glorieuses réalités que l'Evangile dévoile à nos regards, et finalement

être toujours prêt à sacrifier la vie présente et les
joies de ce monde à l'espérance bénie de posséder
l'héritage éternel : tels sont , mes frères , les
traits caractéristiques de tout chrétien. Or , je le
demande , lorsque nous rencontrerons un homme
animé de ces sentiments , nous sera-t-il difficile
de vivre en paix avec lui ? Aurons-nous beaucoup
de mérite de ne pas le censurer , de ne pas l'affliger , de ne lui faire aucun mal ? Est-ce là un homme
que l'on puisse haïr ou soupçonner ? Je vais plus
loin : pourrons-nous refuser de l'embrasser et de
l'estimer comme un frère , uniquement parce qu'il
prie dans une autre assemblée que nous , parce qu'il
exprime ses convictions dans des mots différents,
parce qu'il ne peut pas voir tout ce que nous croyons
découvrir dans quelques passages des Ecritures , ou
qu'il croit y apercevoir des choses que nous ne dis-
cernons pas nous-mêmes ? Est-ce , après tout , une
chose si pénible d'aimer un homme qui , malgré ses
imperfections , est si véritablement aimable ? Assurément , non ! Bien loin donc de nous glorifier de
lui avoir donné quelques témoignages d'amour , il
faudrait bien plutôt nous affliger de ne pas lui en

avoir donné davantage, et tâcher de suppléer, par
nos ferventes prières en sa faveur, aux manque-
ments et aux imperfections de notre charité. »

Il semble que l'orateur chrétien aurait pu en rester là, et cependant il juge convenable de développer encore sa thèse et de la soutenir par plusieurs
arguments convaincants. Mais son argument le plus
puissant est, sans contredit, son propre exemple ;
nous le voyons en effet entretenir les relations les
plus fraternelles avec Hervey, Romaine, Whitefield,
Ingham ; son amour pour tous les chrétiens, à quelque dénomination qu'ils appartiennent, ne se dé-
ment jamais : n'a-t-il donc pas le droit d'insister
avec tant de force sur un devoir qu'il pratique si
bien lui-même? Contemplons ce côté de son caractère, heureux si nous profitons de son exemple et
de ses enseignements.

Le discours dont nous venons de citer quelques
passages fut publié et dédié à lady Huntingdon,
« éminent exemple de la charité chrétienne qui y
est recommandée, » disait la dédicace. — Nous
trouvons quelques détails intéressants sur la comtesse, dans une lettre que Doddridge adressa d'Ashby

à son élève bien-aimé et à son frère dans le ministère, le révérend Benjamin Fawcet. — « Lady Hun-
» tingdon, en faveur de laquelle j'ai réclamé le con-
» cours de vos prières, écrit-il, s'est remise d'une
» manière étonnante. Elle s'est promenée avec moi,
» dans le jardin et dans le parc, et m'a presque
» fatigué, tant elle a repris de forces ; mais les for-
» ces de son âme sont plus surprenantes encore. Je
» n'ai jamais trouvé dans une femme autant de
» points de ressemblance avec le Sauveur. Si je
» vous écrivais tout ce que je sais sur son compte,
» votre cœur serait rempli d'admiration, de joie et
» de reconnaissance. Elle m'a chargé d'élever à ses
» frais un jeune garçon, jusqu'à ce qu'il soit en âge
» d'entrer à la faculté où l'on prépare les pasteurs
» dissidents. Et ce n'est là qu'un exemple entre mille
» des bonnes œuvres qu'elle accomplit sans cesse.
» Cependant rien n'égale son humilité, et à ce pro-
» pos, il faut que je vous cite une remarque d'elle
» qui m'a beaucoup frappé. « Personne n'est mieux
» à même d'apprécier le don de Christ que ceux
» qui font ce que l'on appelle de bonnes œuvres,
» me disait-elle dernièrement. Ce n'est qu'après

» avoir essayé de faire le bien que nous reconnais-
» sons l'imperfection de ces œuvres mêmes, que
» nous regardons comme les meilleures. De plus,
» je trouve que le bonheur qui suit nos moindres
» efforts, nous fait sentir avec plus de vivacité nos
» obligations envers Celui qui fait naître dans nos
» cœurs le désir de les accomplir. » — Dieu habite
» véritablement dans cette pieuse femme.

» Lorsque je partis de chez moi pour venir ici,
» il y a eu hier sept jours, continue Doddridge, il
» venait d'arriver dans mon cabinet un accident
» dont les conséquences auraient pu être très-fâcheu-
» ses. Je venais d'allumer une petite bougie pour
» cacheter une lettre, et je croyais l'avoir éteinte ;
» mais il paraît que je ne l'avais point fait, car
» m'étant levé précipitamment, le mouvement de
» l'air la ralluma. Elle brûla environ un quart
» d'heure, pendant que nous faisions la prière, et
» aurait pu mettre le feu au cabinet et à la maison,
» si mon voisin, apercevant une grande lueur à
» travers les vitres, n'eût donné l'alarme. Lorsque
» je montai, je trouvai mon pupitre couvert de
» papiers enflammés : des lettres, des notes et des

» plans de sermons étaient déjà consumés. Mon
» livre de comptes avait pris feu. Divers manuscrits:
» le *Guide de la famille*, les *Commentaires sur les*
» *épîtres aux Corinthiens et aux Ephésiens*, étaient
» entourés de flammes et inondés de cire fondue.
» Toutefois, Dieu a daigné arrêter les progrès de
» l'élément destructeur. Dans sa bonté, il nous a
» permis d'entrer avant qu'aucun compte eût été
» rendu complètement illisible, et, chose remar-
» quable! avant qu'une seule ligne qui n'eût pas
» déjà été recopiée eût été détruite. Cher ami, joi-
» gnez-vous à moi pour voir dans cette délivrance
» la main du Seigneur et pour louer son saint nom. »

Doddridge fait encore allusion à cet accident dans
la préface du *Guide de la famille* : « Cet ouvrage,
dit-il, n'est-il pas à la lettre *un tison arraché du*
feu? Un incendie éclata parmi mes papiers, et si
un de mes amis ne s'en fût aperçu à temps, il
aurait pu causer la ruine entière de mes affaires
temporelles. Je tiens à enregistrer ici cette délivrance signalée, et à déclarer que je me suis en-
gagé à consacrer au Seigneur tout ce que je possède
avec plus de dévouement que jamais. »

Au mois de décembre de la même année, lady
Huntingdon tomba de nouveau dangereusement ma-
lade, ce qui effraya beaucoup ses amis. Elle était à
Ashby avec ses filles et ses sœurs. Ce fut vers ce
même temps que Doddridge fut appelé à Saint-
Albans, pour le service funèbre du docteur Samuel
Clarke, homme excellent et vénéré, qui avait été
un véritable père pour Doddridge.

« Combien je voudrais être pasteur ! » répétait
souvent un jeune garçon, bien des années avant
l'époque à laquelle nous sommes parvenus. Cet enfant
était pauvre et orphelin ; le petit patrimoine dont il
avait hérité de son père avait été dissipé par son
tuteur. Il quitta l'école et alla chez sa sœur, dont
les modiques revenus ne lui permirent pas d'être
d'un grand secours à son frère. Il aimait l'étude
et souhaitait surtout de prêcher l'Evangile ; mais sa
route était encore hérissée de difficultés. Sur ces
entrefaites, une dame riche, ayant entendu parler
des talents du jeune homme, offrit de payer sa pension à Oxford, à condition qu'il entrerait dans l'Eglise
anglicane. Il fut très-reconnaissant de cette offre
généreuse, mais sa conscience ne lui permit pas

d'en profiter, car il honorait la foi de ses pères, et
il aimait mieux souffrir l'opprobre avec les dissidents, que d'habiter les somptueuses demeures de
l'Eglise établie.

Toutefois, la pensée d'entrer dans le ministère
n'en continuait pas moins à le poursuivre. Troublé
et inquiet, il se hasarda à demander conseil à un
pasteur instruit des environs. Il fut reçu froidement,
et au lieu de l'encourager dans son désir, le pasteur
l'engagea fortement à embrasser une autre carrière.
Le jeune homme s'en retourna chez lui triste et
abattu. « Essayez du barreau, » lui dirent quelques-
uns de ses amis, et ils lui procurèrent une position
avantageuse chez un homme de loi. A vues humaines, il semblait qu'il devait accepter sans hésiter ;
néanmoins, avant de prendre une décision, le pieux
jeune homme mit à part une matinée, afin de demander à Dieu de le diriger lui-même et de lui
montrer ce qu'il avait à faire.

Il priait encore quand le facteur frappe à la porte.
Il lui apportait une lettre venant d'un ami d'enfance
de son père, qui ayant eu connaissance de sa pauvreté, lui offrait de le prendre chez lui et de l'aider

dans ses études, dans le cas où il désirerait toujours se consacrer au saint ministère. Qu'on juge de sa joie! « Certainement, s'écria-t-il avec l'accent d'une profonde gratitude, cette lettre est une réponse du ciel à mes prières. Tant que je vivrai, j'adorerai cette merveilleuse intervention de la divine Providence. J'ai cherché la direction de Dieu; j'espère l'avoir reçue, et maintenant je le supplie de se servir de moi comme d'un instrument pour accomplir beaucoup de bien. » — Les désirs de ce jeune chrétien furent pleinement exaucés; non-seulement il devint lui-même par la suite un pasteur utile et universellement apprécié, mais encore Dieu lui accorda le beau privilége d'élever un grand nombre de jeunes gens pour cette belle vocation. Que de faveurs sont le partage de ceux qui s'attendent à l'Eternel !

Le lecteur le devine : ce jeune homme était Philip Doddridge, et l'ami qui lui vint en aide dans un moment si opportun n'était autre que le docteur Clarke de Saint-Albans, qu'il était maintenant appelé à pleurer. Une douce intimité avait constamment régné entre le maître et l'élève; le vieillard se ré-

jouissait de la maturité précoce et des talents hors
ligne de ce pauvre orphelin qu'il avait pris à sa
charge, et celui-ci conservait la plus vive reconnaissance pour l'ami généreux qui s'était approché de
lui à l'heure de sa détresse.

En se rendant à Saint-Albans pour faire le service
funèbre, par un temps froid et brumeux, Doddridge prit un fort rhume qu'il garda tout l'hiver.
Mais il semble avoir été plus préoccupé de la maladie de lady Huntingdon que de la sienne propre.
« La comtesse est toujours fort souffrante, écrit-il ;
» je crains bien que nous ne la perdions... quoi
» qu'il en soit, *L'Éternel est vivant et mon Rocher*
» *est béni.* »

L'état de lady Huntingdon s'aggrava, en effet, si
rapidement au commencement de l'année 1751, que
Whitefield fut rappelé de Londres. « Je me rendis en
poste à Ashby, dit-il, ne sachant pas si je la trou-
verais en vie. Mais Dieu soit béni, elle est mieux ;
elle ne mourra pas de cette maladie, je l'espère,
mais elle vivra et abondera de plus en plus dans
l'œuvre du Seigneur. Recommandez à tous nos amis
de prier pour elle, car elle en est digne. »

Quelques heures avant l'arrivée de Whitefield à
Ashby, lady Frances Hastings fut subitement rappelée dans un monde meilleur, à l'âge de cinquante-
sept ans. Cette digne chrétienne suivait fidèlement les enseignements du Seigneur. Sa douceur,
sa sincérité lui avaient attiré un grand nombre
d'amis, et une disposition habituelle à élever son
âme à Dieu donnait à sa piété une spiritualité remarquable. Son convoi funèbre fut suivi par une
multitude de pauvres voisins, qui versaient des
larmes en se rappelant *les bonnes œuvres et les aumônes qu'elle faisait lorsqu'elle était avec eux.*

Peu de jours après ce triste évènement, Whitefield écrivit à lady Mary Hamilton, amie intime de
lady Frances : « Le sourire effleurait encore ses
» lèvres après sa mort, et l'on peut dire avec assu-
» rance qu'elle s'est endormie au Seigneur. Je
» n'avais jamais vu lady Betty aussi affectée; lady
» Anne supporte assez bien cette épreuve, et, quant
» à lady Huntingdon, elle se réjouit de ce que sa
» sœur a été sitôt *délivrée de la servitude de la cor-
» ruption, pour être dans la liberté glorieuse des en-
» fants de Dieu.* Tout le monde engage la comtesse

» à se rendre à Bristol pour sa santé, et elle espère
» pouvoir bientôt réaliser ce projet. »

Après le départ de Whitefield, le docteur Stonehouse vint à Ashby ; il demeura auprès de la malade jusqu'à ce qu'elle fût en état d'être transportée
à Bristol, ce qui eut lieu au mois de mars. Il paraît
que Doddridge alla la voir quelque temps auparavant, car nous trouvons les lignes suivantes dans le
journal de lady Huntingdon : « Quel excellent
homme que le docteur Doddridge ! combien il est
pieux et humble ! Quelles paroles bénies il a prononcées lors de la dernière communion ! Comme ses
appels sont concis et incisifs ! Il m'est arrivé rarement d'avoir été aussi heureuse dans mon âme. Le
docteur Stonehouse et lui prêchaient alternativement. J'espère que mon voyage à Bristol me sera
salutaire. O que ma santé et mes forces soient
uniquement employées au service de ce bien-aimé ·
Rédempteur qui a fait pour moi de si grandes
choses. »

Quelques semaines après son arrivée à Bristol,
les forces de la comtesse ayant rapidement augmenté,
elle s'occupa à chercher des souscripteurs aux trois

derniers volumes du *Guide de la famille;* qui venaient d'être terminés.

Doddridge regardait ce livre comme son « œuvre par excellence ; » il l'avait commencé à son entrée dans le ministère, et ses autres travaux ne le lui firent jamais perdre de vue. En lui envoyant une longue liste de souscriptions, lady Huntingdon lui écrivit : « J'ai la douce jouissance d'annoncer à mon » ami des nouvelles qui réjouiront son cœur. Je » prie ardemment le Seigneur notre Dieu de pro- » longer votre précieuse vie et de vous accorder la » force et les ressources nécessaires pour publier » un ouvrage qui a pour but l'avancement de son » règne et le bien éternel de l'humanité. » — Hélas ! ces vœux ne devaient pas être réalisés ; cette vie si utile était sur son déclin. Le rhume que Doddridge avait pris au commencement de l'hiver ne l'avait plus quitté. Les mois s'écoulaient et sa toux ne diminuait point. L'inquiétude et la crainte pénétrèrent dans sa famille. L'habileté des médecins paraissait impuissante, et les soins les plus affectueux ne lui apportaient aucun soulagement. Cependant on espérait beaucoup encore de la douce influence du printemps; et tandis que le cœur de ses parents était partagé entre l'espérance et la crainte, on lui conseilla de quitter sa paroisse de Northampton pour essayer un changement d'air.

Ce fut alors qu'un de ses amis lui écrivit les lignes suivantes qui respirent l'affection la plus ardente : « Employez tous les moyens en votre » pouvoir, pour réparer vos forces et prolonger » une existence si précieuse, non-seulement à vos » paroissiens, mais encore à nous tous. Demeurez, » Doddridge, oh! demeurez au milieu de nous, et » fortifiez nos mains affaiblies! C'est à cinquante » ans qu'on est le plus utile, qu'on est à l'apogée » de la vigueur et de la considération publique. » Dieu ne vous a pas encore désigné l'homme au- » quel, comme Elie, vous devez laisser votre man- » teau. Si vous nous étiez enlevé, qui donc instrui- » rait notre jeunesse? qui remplirait nos temples » vides, imprimerait une puissante impulsion à » nos sociétés chrétiennes, répandrait un esprit » de prière, de piété, de modération, de candeur, » d'amour, dans nos villages, dans nos églises, et » jusque dans nos grandes cités? Surtout, qui nous

6

» délivrerait des systèmes, des opinions contradic-
» toires, des théories vides et inutiles, des formes à
» la mode, et nous montrerait comme vous la reli-
» gion simple, intelligible, solide, invariable de
» notre Seigneur et Sauveur Jésus-Christ? »

Les vivifiantes influences du printemps, jointes
aux distractions d'un voyage à travers les plus belles
parties du royaume, semblèrent rendre un peu de
vie au malade, et ceux qui ne connaissaient pas la
marche insidieuse que suit souvent la maladie dont
il était atteint conservaient encore l'espoir qu'il se
rétablirait; mais toute illusion devint bientôt impossible, car, avec la chaleur de l'été, sa faiblesse et
sa langueur s'accrurent rapidement. Un voyage sur
mer lui fut conseillé comme dernière ressource, et
son médecin l'engagea d'aller à Lisbonne. Comme il
ne pouvait lui-même subvenir à la dépense, lady
Huntingdon ouvrit de suite une souscription et s'in-
scrivit généreusement elle-même pour 2,500 fr. Son
exemple fut suivi par lady Fanny Shirley, lady Chesterfield et quelques autres de ses amies, en sorte
que la souscription s'éleva bientôt à 7,500 fr. « Cette
somme ajoutée à la collecte faite parmi ses amis dis-

sidents, écrit la comtesse, procurera, je l'espère, à notre cher màlade tous les conforts que réclame son état désespéré. »

Au commencement de septembre, nous retrouvons lady Huntingdon à Bath, prodiguant ses soins au docteur Doddridge, qui, miné par une maladie de poitrine, doit bientôt se rendre à Falmouth, avec l'intention de s'embarquer pour Lisbonne, d'où son médecin pense qu'il ne reviendra jamais. Ses amis répandus dans tout le royaume éprouvent pour lui la sollicitude la plus tendre et la plus profonde; on lui écrit de toute part pour s'informer de l'état de sa santé; rien de ce que peut l'affection et le talent n'est épargné pour le soulager.

— Et dans quelle disposition se trouve le malade lui-même? Ecoutons. « Mon âme, dit-il, est forte et vigoureuse, malgré la rapide décomposition de ce corps débile et languissant. Si je désire de vivre, ce n'est point, je puis le dire, pour jouir d'un beau soleil ou pour éprouver aucune autre sensation agréable, mais uniquement (si telle était la volonté de Dieu) afin de pouvoir le servir un peu plus longtemps. » Et comment envisage-t-il le voyage qu'il est sur le point d'entreprendre? Ecoutons-le encore.

« Les moyens que j'emploie pour prolonger ma vie
sont pour moi, en tant que cela me concerne personnellement, infiniment pires que la mort. Mes
transpirations abondantes m'affaiblissent beaucoup;
mais les nuits les plus pénibles pour ce faible corps
ont été pour mon âme le *commencement du ciel.*
Oui, pendant mes douloureuses insomnies, le Seigneur a fait pour ainsi dire descendre le ciel jusques
à moi. Que son saint nom soit béni l »

Cependant, les amis du malade le pressaient : il
consentit enfin au départ. Au jour fixé, lady Huntingdon entra dans sa chambre et le trouva appuyé
sur sa Bible ouverte, versant des larmes.

« Vous pleurez? » lui dit-elle.

« Oui, madame, répondit le docteur d'une voix
calme, bien qu'éteinte ; oui, je pleure, mais c'est
de joie et d'allégresse l Je puis remettre mon pays,
mes amis, ma famille, entre les mains de Dieu; et
pour ce qui est de moi, il m'est aussi facile d'aller
au ciel de Lisbonne que de mon cabinet d'étude à
Northampton. — Je ne crois pas que ma guérison
soit possible, ajouta le mourant; mais, quoi qu'il

en soit, *mon cœur se réjouit en Dieu mon Sauveur.*
Lorsque *tout défaillait autour de moi, il a été mon
Rocher et mon partage à toujours.* Le Seigneur a
été bien bon envers moi, qui étais indigne de ses
moindres miséricordes. Qu'il soit béni en particulier
pour toutes les œuvres qu'il m'a donné d'accomplir ! »

Après un voyage de dix jours, très-fatigant à
canse de l'humidité de la saison et du mauvais état
des routes, Doddridge atteignit Falmouth et reçut
l'hospitalité dans la maison du docteur Turner, pasteur de l'Eglise anglicane. La nuit qui précéda son
départ, quelques-uns des plus mauvais symptômes
de sa maladie reparurent avec tant de violence, que
sa femme le supplia de renoncer à son voyage. —
« Le sort en est jeté, je partirai ! » répondit-il.

En effet, « le 30 septembre, raconte un de ses
amis, il s'embarqua avec sa femme et son domestique. Le mouvement paisible du vaisseau et la
douce brise de mer semblèrent d'abord le ranimer,
et il demeura dans sa cabine, plongé dans les plus
douces réflexions qu'il eût eues de sa vie, selon son
propre témoignage. Souvent, il s'écriait : « Mon
Père céleste me fait jouir par avance d'un ravisse-

ment qu'aucune parole ne saurait exprimer ; » et
lorsque, quelques jours plus tard, le vaisseau fen-
dait doucement les eaux du Tage, lorsque Lisbonne,
avec ses bosquets, ses jardins et ses tours éclairées
par le soleil, s'offrait à ses regards, il paraissait si
réjoui, si animé, que l'affection pouvait encore se
faire illusion et croire à la possibilité de son rétablissement. Vaine espérance ! Des signes alarmants se
manifestèrent bientôt, et le seul effet de ce changement fut de hâter le moment de sa mort. Il termina
sa carrière le 26 octobre 1751, à l'âge de cinquante
ans, et fut enterré dans le cimetière anglais. »

« Dieu est ma seule espérance ! Il suffit à tout, il
» comble tous les vides ! écrit à sa famille de Nor-
» thampton sa veuve affligée. Oh ! mes chers en-
» fants, louez-le avec moi. Il a accordé à votre père
» un tel appui, de si douces consolations et tant de
» joie, que je me sens ravie, transportée, prête à
» entonner des chants de louange, malgré l'angoisse
» inexprimable qui remplit mon âme ! Le Seigneur
» ne m'a non plus refusé aucun secours temporel ;
» il m'a accordé tous les adoucissements à ma dou-
» leur que peut offrir l'amitié la plus tendre, et je

» crois que mes chers amis de Northampton n'eussent
» pu faire davantage. Leurs prières ne sont pas per-
» dues. Je suis convaincue que j'en recueille les
» fruits, et j'espère qu'il en sera de même pour
» vous, mes chers enfants. »

Tel est l'éloquent langage du croyant de tous les
siècles et de tous les lieux. Il peut toujours dire avec
David : *Je bénirai l'Eternel en tout temps ; sa louange
sera continuellement dans ma bouche. Goûtez et
voyez que l'Eternel est bon ! Oh ! qu'heureux est
l'homme qui se retire vers lui ! car rien ne manque
à ceux qui le craignent* (1).

Après avoir admiré Doddridge comme prédicateur,
comme écrivain et comme pasteur, nous devons
aussi de la reconnaissance à sa mémoire comme
poète lyrique. N'a-t-il pas donné une voix aux émo-
tions les plus douces de l'âme ? N'est-ce pas à lui que
nous devons ces belles hymnes qui, alors que nous
étions abattus, fatigués du monde, près de tomber
en défaillance dans le chemin, ont été pour nous
comme un souffle vivifiant venant du ciel ? N'a-t-il

(1) Ps. XXXIV, 2, 9, 10.

pas séché nos larmes par la perspective délicieuse du jour éternel ? Oui , Doddridge sera l'un des poètes de prédilection du peuple de Dieu, jusqu'à cet heureux jour où la nouvelle Jérusalem descendra du ciel , où *la mort ne sera plus, et où il n'y aura plus ni deuil, ni cri, ni travail; car ce qui était auparavant sera passé* (1).

(1) Apoc., XXI, 4.

CHAPITRE VII.

**Le tabernacle. — Voeux. — Voyages d'évangéli-
sation.**

Moorfields, l'une des paroisses de Londres, était,
il y a cent ans, une vaste étendue de terrain inha-
bité, en dehors des limites de la ville. Son isolement
en faisait le rendez-vous favori de la population la
plus dépravée de Londres. C'était une véritable citadelle de Satan, et par cela même un point d'attaque de la plus haute importance pour l'éloquence
de Whitefield. Un jour, la ville de Londres tout entière retentit de la nouvelle que le lendemain le

grand prédicateur devait tenir une assemblée à
Moorfields. C'était en janvier 1739.

« La chose étant nouvelle et singulière, raconte
Gillies, Whitefield trouva, en sortant de voiture,
une foule si compacte, que plusieurs personnes
lui déclarèrent qu'il n'en sortirait pas vivant. Il
commença à s'y frayer un passage avec deux de
ses amis; mais ils furent bientôt séparés, et il se
trouva seul au milieu de cette multitude. Cependant, loin de le presser, la foule s'ouvrait avec
respect devant lui; enfin, il fut porté au milieu
des champs. Là il monta sur un mur élevé, et se
mit aussitôt à haranguer cette immense assemblée.
Il prêcha avec tant d'onction et de chaleur, que
même les plus endurcis des assistants fondaient en
larmes et éclataient en sanglots. Depuis lors, Moorfields fut le théâtre de ses plus beaux triomphes;
trente mille auditeurs se trouvaient souvent réunis
pour l'entendre, et les souscriptions les plus géné-
reuses étaient faites pour l'établissement d'orphelins
fondé par Whitefield à Béthesda. On reçut un jour
500 fr. en monnaie d'un sou. »

Avant le départ de Whitefield pour l'Amérique,

en 1738, un local temporaire avait été construit pour mettre l'auditoire à l'abri du froid ; il avait été appelé, *le Tabernacle*, en souvenir du sanctuaire qui accompagnait les Israélites dans le désert. Mais plus tard, ce local étant devenu tout-à-fait insuffisant, l'on dut songer à bâtir un édifice plus spacieux. La chose fut d'abord discutée chez lady Huntingdon, et Whitefield commença de suite des collectes pour cet objet ; mais se souvenant des graves embarras que lui avait occasionnés l'établissement d'orphelins de Béthesda, il ne voulut point mettre la main à cette nouvelle entreprise avant d'avoir une somme suffisante pour la mener à bonne fin, ce qui n'arriva qu'au mois de mars 1753. Il écrivit à ce sujet à Wesley : « Mardi matin, on a » posé la première pierre du nouveau Tabernacle. » Ce moment a été des plus solennels. J'ai prêché » sur ce texte de l'Exode : *En tout lieu où je met-* » *trai la mémoire de mon nom, je viendrai à toi et* » *je te bénirai.* »

Au mois de juin, l'édifice put être ouvert, et., quoique assez vaste pour contenir quatre mille personnes, il était toujours insuffisant. Whitefield fut

alors prié de faire un service dans un quartier situé
à l'extrémité ouest de Londres, où se trouvait une
chapelle de dissidents. Une foule turbulente essaya
bien des fois, par des persécutions de tous genres,
de chasser le prédicateur; mais ils échouèrent dans
leur dessein, et l'opposition ouverte du clergé anglican n'eut pas plus de succès. — « J'espère que vous
» ne m'accuserez pas d'opiniâtreté, écrivait White-
» field à l'évêque, si je persiste dans mon œuvre
» d'évangélisation jusqu'à ce que j'aie pu reconnaître
» en quoi j'ai erré. J'ai la confiance que je serai
» facilement justifié de l'irrégularité dont on m'ac-
» cuse par tous ceux qui aiment la liberté, et ce
» qui m'importe bien plus encore, par Celui qui est
» *l'Évêque et le Pasteur des âmes.* »

« Mon grand souci, disait-il un jour à lady Huntingdon, est de me préserver tout à la fois, soit
d'un excès d'indépendance, soit d'un excès de timi-
dité. » Ces mots nous montrent, ce que, du reste,
la vie tout entière du grand prédicateur a prouvé,
qu'il était étranger à tout fanatisme comme à tout
esprit d'opposition.

Pour éviter des contestations, sans toutefois re-

— 133 —

noncer à son œuvre, Whitefield fit construire la
chapelle de Tottenham, que le peuple appela par
la suite *le filet des âmes*, pour faire entendre
que Whitefield s'y rendait maître des âmes de ses
auditeurs. « Je demande à l'Ami des pécheurs,
disait-il lui-même, d'en faire un véritable filet pour
beaucoup d'âmes égarées. Je prêche quinze fois par
semaine. La conviction pénètre dans les cœurs ; les
conversions sont nombreuses ; évidemment Dieu est
avec nous. »

Cette chapelle fut légalement ouverte en 1756.
Avant la construction du Tabernacle, Whitefield fit
une autre tournée en Ecosse, et il passa quelque
temps dans la maison d'un chrétien distingué,
M. Mnimo. C'était la troisième visite qu'il faisait
dans ce pays et ses auditeurs étaient plus nombreux
que jamais. Quoique malade, il prêchait deux fois
par jour. Une lettre de lady Jane Mnimo à lady
Huntingdon, nous donnera une idée du mouvement
religieux qui s'opérait alors à Edimbourg.

« Vous serez bien réjouie d'apprendre, écrit cette
» dame, que la foule se presse pour entendre Whi-
» tefield. La force et la puissance de l'Evangile est

» véritablement merveilleuse ; il y a ici un grand
» réveil dans toutes les classes de la société. Quoi
» qu'on puisse dire , la vérité triomphera. La cam-
» pagne est déjà blanche et prête à être moissonnée.
» Nous prions pour vous, madame, et nous vous
» bénissons de nous avoir envoyé votre chapelain.
» Notre miséricordieux Rédempteur semble faire
» reposer sa bénédiction sur vos travaux pour le
» bien des âmes en Angleterre, et ma patrie, j'en
» ai la confiance, brillera comme un joyau de plus
» à la couronne qui ornera votre front au grand
» jour du Seigneur. Hélas ! lorsque je compare ma
» vie à la vôtre, je rougis en pensant combien peu
» j'ai été utile ; mais je n'en ai pas moins l'espoir
» que nous serons réunies pendant l'éternité, pour
» louer la grâce et l'amour de Celui qui nous a arra-
» chées comme des tisons hors du feu. »

Parmi les publications importantes qui parurent à
cette époque, nous devons citer un ouvrage de
Hervey, intitulé : *Théron et Aspasio.* Cet ouvrage,
dans lequel la doctrine de la croix est fidèlement
annoncée sous forme de dialogue, produisit alors
une grande sensation ; maintenant il est un peu

délaissé ; toutefois, il vaut la peine d'être lu, tant à cause des grandes vérités qu'il renferme, qu'en raison du sérieux et de la spiritualité qui respirent dans ses pages. Disons en passant que l'auteur, non-seulement par ses écrits, mais par sa vie toute chrétienne, prouva toujours qu'il était un véritable membre de l'Eglise spirituelle de Jésus-Christ.

Tous les pasteurs, amis du réveil, qui habitaient Londres, avaient coutume de se réunir souvent. Un jour, ils virent arriver au milieu d'eux Henry Venn, pasteur de l'église de Saint-Matthieu, homme d'une imagination vive et ardente. Préoccupé du nouveau mouvement religieux de l'époque, Venn demanda avec anxiété à ses collègues dans le ministère : « Ces choses viennent-elles de Dieu ? » — Depuis long-temps il était travaillé dans son âme. Profondément impressionné des sérieuses exigences de la loi divine, il avait essayé d'y répondre ; comme Wesley à Oxford, il avait jeûné, il avait prié, il avait com-battu ses mauvais penchants, lutté contre ses affec-tions rebelles et cherché *à amener ses pensées captives à l'obéissance de Jésus-Christ.* Mais tous ses efforts restaient infructueux, et les devoirs qu'il s'imposait ne satisfaisaient point les besoins de son âme. Ce fut alors qu'il fit la connaissance de Whitefield, de lady Huntingdon et de quelques autres chrétiens, qui, par leur expérience personnelle, purent lui indiquer l'*Agneau de Dieu qui ôte le péché du monde*. Une longue maladie, qui vint à ce moment interrompre le cours de ses travaux, lui donna le temps de sonder son cœur et de méditer sur les vérités divines. Ses yeux furent ouverts et la grande doctrine des Écritures, le salut par le sang de Christ, devint précieuse à son âme. Lorsqu'il fut rendu à la santé, il recommença l'œuvre de son ministère au nom du Sauveur crucifié, et avec un esprit de prière et de dévouement, qui donnait à ses prédications et à ses écrits une puissance toute particulière. Bientôt après son entier rétablissement, il accompagna Whitefield dans un voyage d'évangélisation, et ils purent annoncer à des multitudes d'âmes la bonne nouvelle de l'Évangile.

En 1759, Venn ayant obtenu la cure d'Huddersfield, dans le comté de York, il devint le véritable apôtre de la contrée; il *préchait la Parole, insistait en temps et hors de temps, reprenait, cen-*

*surait, exhortait avec toute sorte de douceur et en
instruisant.* « Continuez à annoncer Christ crucifié,
» seule espérance du pécheur, lui écrivait lady
» Huntingdon, et puissiez-vous être ferme, coura-
» geux, décidé Que Christ soit l'alpha et l'oméga
» de tous vos discours, et que la bénédiction de
» votre Père céleste repose toujours sur vous ! »

La fidélité pastorale était une des vertus de cet
homme de Dieu ; il visitait souvent les divers
hameaux qui composaient sa paroisse, instruisant de maison en maison ceux qui ne pouvaient
suivre le culte public. « J'ai reçu des détails ré-
jouissants sur Huddersfield, disait sa protectrice ;
le ministère fidèle et actif du pasteur est merveil-
leusement béni. »

Nous ne pouvons contempler sans une sorte d'étonnement les immenses travaux exécutés à cette époque par les serviteurs de Dieu. Il semble qu'une
longue vie et qu'une force surhumaine ont dû être
leur partage, aussi bien que le zèle le plus fervent.
Ni les difficultés, ni les menaces, ni les persécutions n'arrêtaient leurs travaux. Ils allaient en avant,
toujours sereins et fermes. Ouvriers à la fois pa-

tients et actifs, ils regardaient à Dieu pour les diriger. Simples dans leurs habitudes, inébranlables dans leur confiance, ils désiraient par-dessus toutes choses voir avancer le règne de leur Seigneur et Maître.

Au nombre de ces fidèles messagers de Christ, était Benjamin Ingham, dont nous avons déjà dit quelques mots. Né dans le comté de York, c'est là surtout qu'il a travaillé. Il quitta Oxford en 1734, et revint auprès de sa mère. Il commença par réunir dans sa maison quelques personnes du voisinage pour leur expliquer la Parole de Dieu. Plus tard, il se rendit avec les deux Wesley dans la Géorgie, et travailla à la mission indienne dans les environs de Savannah. Il apprit le langage du pays, composa une grammaire et s'intéressa vivement aux sauvages habitants des forêts. A son retour, il parcourut le nord de l'Angleterre, prêchant de ville en ville. Il avait pour collaborateur William Grimshaw, pasteur de Haworth. Cette paroisse, qui ne se composait que de quatre hameaux, situés dans un pays stérile et triste, aurait offert peu d'attraits à un homme du monde; mais là, comme ailleurs, Grimshaw

voyait des âmes pécheresses et ignorantes à instruire
dans la voie du salut, et cette considération était
suffisante pour rendre ce pays intéressant à ses
yeux. Outre les services du dimanche, il s'était
tracé deux plans de tournées qu'il devait exécuter
en deux semaines alternativement : pendant la
semaine qu'il appelait « son temps de repos, » il
prêchait douze à quatorze fois ; pendant l'autre,
il donnait jusqu'à trente prédications. De plus, il
visitait les malades, les affligés et les vieillards.
John Newton, avant d'être lui-même pasteur, travailla quelque temps avec Ingham et Grimshaw.
« Plus d'une fois on m'a pris pour un prédicateur
méthodiste, disait-il, et je m'en fais honneur, car
j'aime ceux qui portent ce nom ; je les défends contre les accusations injustes, et je désire supporter
l'opprobre du monde avec eux. »

Ingham et Grimshaw eurent en effet à endurer
toutes sortes de persécutions ; on leur défendit ex-
pressément de prêcher dans les églises ; ils réunissaient alors leurs auditeurs dans les champs ; mais
là même on venait les molester, et quelquefois ils furent assaillis de coups de pierres et couverts de boue.

Lady Huntingdon, dé son côté, ne restait pas
inactive. Elle passait souvent l'été à voyager avec l'un
ou l'autre de ses chapelains, et partout leur présence
était le signal d'un réveil. Elle parcourut ainsi le
comté de York avec Romaine, et Ingham vint se
joindre à eux pour visiter les autres comtés du nord
de l'Angleterre. Il y a quelque chose de grand, de
noble, d'admirable dans l'ardeur et le dévouement
extraordinaires qui poussaient ces serviteurs de Dieu
à aller dans les chemins et les carrefours publier le
message de grâce. Que leurs paroles devaient être
entraînantes et énergiques! En vérité, on se prend
parfois à regretter de n'avoir pas vécu à cette époque, et de n'avoir pas eu le privilége d'entendre
ces prédications puissantes qui électrisaient toute
l'Angleterre.

Et d'où vient que cette poignée de chrétiens put
ainsi remuer toute une nation? Ce n'était point par
leur savoir (bien que quelques-uns d'entre eux pos-
sédassent une érudition rare), ce n'était point par
leur éloquence (qui pourtant était bien remarquable), ce n'était point non plus par l'influence mo-
mentanée qu'exerce souvent sur les masses une exal-

tation fanatique. Non, le secret de leur force venait simplement de ceci, que le péché, la rédemption, le ciel, l'enfer, étaient pour eux des réalités vivantes ; ils sentaient que l'éternité n'est pas un vain mot ; ils prenaient au sérieux les menaces comme les promesses de Dieu. C'est cette foi vivante dans la vérité révélée, ce profond sentiment de l'état de perdition dans lequel l'homme est plongé, qui a animé tour-à-tour saint Paul et saint Pierre, Luther et Calvin, Whitefield et Wesley, et qui animera, nous ne craignons pas de le dire, tout réformateur véritable de l'Eglise ou du monde jusqu'à la fin des siècles. Envisager les révélations divines comme étant *une vive représentation des choses qu'on espère, une démonstration de celles qu'on ne voit point* : telle est la véritable foi, la foi seule digne de ce nom. Cette foi, elle est simple, mais puissante ; — si simple, qu'elle est à la portée d'un enfant ; si puissante, qu'elle repose sur Dieu lui-même.

CHAPITRE VIII.

Affaires domestiques. — Fondations de chapelles.
— Berridge.

Lady Huntingdon passa les hivers de 1756 et
1757 à Londres avec sa famille ; pendant ce temps,
elle ouvrit sa maison deux fois par semaine à la prédication de l'Evangile. Romaine et Venn étaient les
deux principaux orateurs.

« Je me réjouis vivement, lui écrivait Whitefield,
» de ce que vos assemblées religieuses prennent
» toujours plus d'extension, et je puis me figurer
» aisément les jouissances que vous devez éprou-
» ver. Il n'est pas étonnant, d'un autre côté, que

» vous ayez des sujets de tristesse ; bien plus, —
» il est nécessaire qu'il en soit ainsi. Les témoins de
» Christ ont besoin d'être purifiés. Les épreuves do-
» mestiques préparent pour l'œuvre du dehors. Sans
» doute il paraît pénible à la chair de devoir nous
» charger d'une croix qui nous est imposée par un
» ami ou un parent bien-aimé ; mais la sagesse in-
» finie sait ce qui est pour notre bien. »

La nature des épreuves auxquelles Whitefield fait
ici allusion nous est révélée par les lignes suivantes,
extraites de la correspondance de la comtesse
d'Hertford :

« L'indifférence religieuse de lord Huntingdon,
» écrit cette dame, est une grande épreuve pour sa
» mère, et quel compte n'auront pas à rendre lord
» Chesterfield et lord Bolingbroke de la pernicieuse
» influence qu'ils ont exercée sur lui ! Toutefois,
» c'est un fils des plus tendres, des plus respec-
» tueux ; il est donc permis d'espérer qu'avec le
» temps, l'exemple de sa mère et les bonnes instruc-
» tions qu'il a reçues dans sa jeunesse agiront salu-
» tairement sur lui. Au reste, c'est un jeune noble
» des plus intéressants et des mieux doués, qui

» occupera, je n'en doute pas, une place éminente
» dans la société. Il a été extrêmement affecté de
» la mort de miss Hotham, à laquelle il était, dit-
» on, très-attaché. »

Lady Gertrude Hotham, sœur de lady Chesterfield, a déjà été mentionnée comme ayant osé, pour
l'amour de Christ, se joindre à ceux que le monde
méprise. A Londres et à Bath, Whitefield annonçait
l'Evangile dans la maison de cette dame, et elle eut
la joie de voir sa fille devenir un des membres de la
famille spirituelle de Christ. Miss Hotham glorifia son
Sauveur dans sa mort comme dans sa vie ; elle fut
retirée de ce monde à la fleur de l'âge, mais elle
était mûre pour le ciel. Durant sa maladie, on pria
avec ardeur pour sa guérison, chez lady Huntingdon, chez lady Fanny Shirley et dans sa propre
demeure. Un jour, lorsque Whitefield s'agenouilla
auprès de son lit, on lui demanda de ne pas se dé-
ranger : — « Je puis me soulever pour prendre des
remèdes, » dit-elle ; « pourquoi donc ne le ferais-je
pas pour prier? » — Sur son lit de souffrances,
cette jeune chrétienne recueillait les fruits de sa
piété sincère. Sachant en qui elle avait cru, son

7

âme se reposait entièrement sur son Sauveur ; il lui
fut même donné , par la paix et la joie qu'elle ma-
nifesta au milieu des angoisses de la mort , de confirmer, de la manière à la fois la plus éclatante et
la plus touchante , en présence de ses amis mondains, les vérités précieuses de l'Evangile, procla-
mées .dans les prédications de Whitefield.

La fille aînée de lady Huntingdon, lady Elisabeth
Hastings , épousa, à la grande satisfaction de sa
famille , le comte de Moira ; quant à la seconde,
lady Sélina, jeune personne pieuse, douce et aimable , elle était le soutien et la joie de sa mère ; en
sorte que s'il y avait des ombres dans ce cercle
domestique, il y avait aussi des rayons lumineux.

En 1758 , lady Huntingdon fut soudainement
appelée à Brighton, auprès de son quatrième fils,
l'honorable Henry Hastings, âgé de dix-huit ans, qui
était gravement malade. Dans cette pénible circonstance, Whitefield écrit ainsi à la mère affligée :
« Les épreuves nous sont nécessaires tant que nous
» sommes ici-bas ; mais Dieu soit béni ! un temps
» viendra où toutes ces voies mystérieuses de la
» Providence nous seront expliquées. Que le Sei-

» gneur Jésus vous suscite des consolateurs et sur-
» tout puisse-t-il lui-même être avec vous. »

Le Seigneur Jésus vint en effet lui-même auprès
de sa servante, et sa céleste présence lui fit éprouver dans son affliction tant de soulagement, qu'elle
eut la force de communiquer aux pauvres des environs le baume précieux qui lui avait été si salutaire.
Regardez ! elle entre dans la demeure obscure d'une
femme de soldat ; elle lui apporte de la nourriture et
des vêtements, et en même temps l'invite à aller vers
« l'Agneau de Dieu qui ôte le péché du monde. » La
chambre de cette femme était attenante à une boulan-
gerie, et ceux qui mettaient le pain au four entendi-
rent, par une crevasse de la cloison, la conversation
chrétienne de la bonne dame. Lorsque l'on eut connaissance de ses visites, plusieurs pauvres voisines
demandèrent à être admises pour être instruites,
en sorte que bientôt il se réunit chaque jour, dans
l'humble réduit de la femme de soldat, une petite
assemblée à laquelle, après avoir prié, la comtesse
expliquait l'Écriture sainte. Un forgeron, connu par
sa méchanceté, jura, en se moquant, qu'il irait à
ces réunions ; et en effet, il parvint, un jour, à se

glisser derrière les femmes. Lorsque, en entrant, lady Huntingdon vit un homme dans un coin de la chambre, elle fut sur le point de se retirer; mais, après un instant de réflexion, elle se décida à lire et à prier comme de coutume. Ses exhortations simples, directes et affectueuses, remuèrent la conscience de ce blasphémateur orgueilleux. Lui, qui était venu pour se moquer, s'en alla en disant : *Seigneur, que faut-il que je fasse pour être sauvé?* A dater de ce moment, il fut complètement changé, et il vécut près de vingt-sept ans, *se conduisant d'une manière digne de l'Évangile de son Sauveur.*

Un jour, comme lady Huntingdon se promenait, une dame, qu'elle ne connaissait point, l'accosta en lui disant avec vivacité : « Oh! madame, vous voici enfin !... » — Étonnée d'être ainsi interpellée par une inconnue, la comtesse crut d'abord avoir affaire à une pauvre insensée; cependant, elle lui demanda comment elle la connaissait. — « Madame, répondit l'étrangère, je vous ai vue en songe, il y a déjà trois ans, habillée précisément comme vous l'êtes dans ce moment. » Et là-dessus elle raconta

une foule d'autres détails ayant rapport à ce rêve.
Quelque singulière que fût cette entrevue, une liaison s'établit bientôt entre les deux dames, et lady
Huntingdon devint l'instrument dont Dieu se servit
pour convertir sa nouvelle amie, qui mourut un an
après ; dans le triomphe de la foi.

C'est ainsi que cette femme remarquable préparait
les voies à l'activité de Whitefield, qui visita Brighton en 1759. — Il prêcha son premier sermon dans
une vaste prairie, et un grand réveil ne tarda pas
à se manifester parmi le peuple. On soupirait généralement après la nourriture, de laquelle il est dit
que *celui qui en mangera n'aura jamais faim*. Une
petite assemblée, *pauvre des biens de ce monde
mais riche dans la foi, méprisée mais non abandon-
née*, se réunissait pour prier dans une chambre haute.
Lady Huntingdon, désirant encourager les nouveaux
fidèles, forme le projet de faire bâtir pour leur usage
une petite chapelle. Il est vrai que ses revenus sont
bien diminués par les secours généreux qu'elle
accorde déjà à diverses œuvres ; toutefois cette
considération ne l'arrête point : pour elle, *décider*
une chose, c'est l'*accomplir*. Mais comment va-t-elle

se procurer les ressources nécessaires? Depuis longtemps, elle a mis ses bijoux de côté, satisfaite
qu'elle est de posséder une perle d'un prix infiniment plus élevé, et maintenant elle prend la déter-
mination de les offrir au Seigneur. Ils sont vendus
pour la somme de 17,450 fr., et avec cet argent,
elle fait construire une jolie chapelle qui fut ouverte
en 1760. C'est là que travaillèrent, avec un zèle
apostolique, Romaine, Venn et d'autres chrétiens ;
et en dépit de toutes les calomnies auxquelles ils
furent en butte, *le Seigneur ajoutait tous les jours,
à l'Eglise, par leur moyen, des gens pour être sauvés.*

Dès-lors, Brighton devint le lieu de résidence
favori de la comtesse. La construction de cet édifice
fut le petit commencement de l'une de ses plus
grandes entreprises, et le premier de ces temples
qui, peu d'années après, couvrirent, grâce à elle,
l'Angleterre. L'œuvre de Brighton prospéra tellement que déjà cinq ans après il fallut agrandir la
chapelle.

Le jour qui précéda l'ouverture de ce lieu de
culte, lady Huntingdon consacra plusieurs heures à

lutter avec Dieu, comme le patriarche Jacob, pour obtenir sa bénédiction sur le sanctuaire élevé à son nom ; le soir, une réunion fut tenue chez elle dans le même but. C'est ainsi que cette chrétienne dévouée assiégeait le trône des miséricordes, avec une pleine confiance dans l'efficacité de la prière.

A cette époque, le besoin de secours religieux se faisait vivement sentir dans le comté de Sussex ; aussi lady Huntingdon cherchait-elle à répandre la bonne semence de ce côté toutes les fois qu'une occasion favorable se présentait à elle. Ayant à cœur cette œuvre importante, elle essayait de se procurer un local convenable pour établir le culte à Oathall, lorsqu'un vieux monsieur vint lui offrir de lui louer son habitation pendant un certain nombre d'années. Sa proposition fut acceptée avec reconnaissance ; la comtesse fit aussitôt réparer une grande salle et la consacra au service divin ; le reste de la maison fut occupé par elle et ses chapelains. L'Evangile, annoncé avec fidélité, produisit des fruits abondants dans la ville. Pendant l'été, un régiment fut caserné dans les environs. Un jour, le capitaine, jeune homme fort mondain, fut surpris dans une

de ses courses par la pluie, et se vit obligé de s'abri-
ter sous un hangar, où se trouvait un fermier avec
lequel il lia bientôt conversation ; l'entretien roula
sur des sujets religieux. L'officier, surpris et inté-
ressé par les remarques de cet homme pieux, lui
demanda où il avait appris ces choses. « Dans une
salle de la grande maison que vous voyez là-bas, »
répondit le fermier avec simplicité ; « M. Romaine,
homme célèbre, y prêche par ordre de lady Huntingdon ; vons feriez bien d'aller l'écouter. » Emu
par tout ce qu'il venait d'entendre, le capitaine
Scott s'y rendit, en effet, le dimanche suivant. En
entrant, il fut tout d'abord vivement impressionné
par le recueillement de l'auditoire, et la prédication
de Romaine sur ces paroles du Seigneur : *Je suis le
chemin*, pénétra dans sa conscience comme un aiguillon. Quoiqu'il aimât le plaisir, le jeune officier avait
été rendu sérieux à diverses époques de sa vie ; plus
d'une fois même il s'était demandé avec inquiétude :
« Quel est le but vers lequel je tends? » Dans ces
moments de retour sur lui-même, il n'avait point
échappé au ridicule de ses amis. Mais maintenant
il se trouvait en présence d'un homme qui annon-

çait des vérités tout-à-fait nouvelles pour lui et parfaitement appropriées à son état spirituel. Son cœur fut touché ; et plus tard, ayant fait à Londres la connaissance de Romaine, celui-ci, par ses prières et par ses conseils, l'encouragea puissamment de chercher *à affermir sa vocation et son élection;* c'est ainsi que le jeune soldat s'enrôla sous la bannière de Jésus-Christ.

Peu de temps après sa conversion, le capitaine Scott dut se rendre dans le Shropshire ; Romaine lui donna une lettre pour M. Powys, de Berwick, homme riche et influent, défenseur zélé de la vérité. Venn était alors en visite chez lui. Un matin, après la prière, comme ils étaient à la fenêtre, le capitaine Scott en uniforme parut dans l'avenue; il apportait la lettre qui lui avait été confiée. M. Powys le reconnut de loin : « Voilà le capitaine Scott, s'écriat-il. Que vient-il faire ici ? Comment pourrai-je éviter de le voir ? » Son embarras était grand, car, on le conçoit, la visite d'un officier mondain venait fort mal à propos, avec un hôte comme Venn sous son toit. Cependant Scott arrive devant la porte, où il est reçu par M. Powys avec une politesse cérémonieuse ;

mais aussitôt qu'il eut pris connaissance de la lettre de Romaine qui racontait la conversion du capitaine, il l'embrasse avec effusion, et s'écrie : « Mes amis, venez vite ! Voici le capitaine Scott converti au Seigneur, devenu une nouvelle créature en Jésus-Christ ! » A ces mots, tout le monde s'empresse d'accueillir le jeune homme comme un frère, et grande fut la joie qui régna ce jour-là dans cette maison chrétienne, à cause de celui *qui était perdu et qui était retrouvé, qui était mort et qui était revenu à la vie.*

Ecoutons ce que Fletcher dit plus tard de ce jeune officier : « J'allai voir lundi dernier le capitaine Scott,
» une des âmes qui ont été amenées au Seigneur
» à Oathall, et maintenant, soldat intrépide de
» Jésus-Christ. Dieu lui a donné une ardente piété
» et il s'est élancé courageusement dans la carrière
» chrétienne. Pendant quelques mois, il a chaque
» jour adressé des exhortations à ses dragons ; en-
» suite il a prêché publiquement dans la chapelle
» méthodiste de Leicester, à des assemblées fort
» nombreuses. Les formalistes le poursuivent de
» leurs cris et de leurs huées, mais je le crois hors

» de leur atteinte. Dieu veuille lui conserver son zèle
» et sa simplicité! Je suis convaincu que cet *habit*
» *rouge* fera honte à beaucoup de *robes noires*. En
» vérité, pour ma part, il me rend confus de moi-
» même. »

Par la suite, Whitefield l'invita à venir à Londres
et « à amener ses dragons au Tabernacle. » Le capitaine Scott était un homme distingué par ses talents;
il appartenait à une famille ancienne et honorable,
et pouvait espérer un avancement rapide; mais les
honneurs mondains avaient perdu pour lui tout leur
attrait; il quitta donc l'armée pour entrer dans le
saint ministère; pendant plus de vingt ans, il fut
l'un des prédicateurs habituels du Tabernacle, et
ses travaux dans sa nouvelle carrière furent couronnés de succès abondants.

Un autre fruit non moins remarquable, obtenu
par la prédication de l'Evangile à Oathall, fut la
conversion d'un vieillard centenaire, nommé Abraham. Cet homme, qui était sérieux depuis longtemps, se plaignait de ce que les prédications
étaient devenues froides et languissantes, et bien
qu'ennemi « des nouveautés, » comme le sont en

général les vieillards, il résolut d'aller lui-même à la chapelle pour savoir quelle doctrine on y prêchait. Il écouta, avec la plus profonde attention, un discours de Venn sur l'amour de Christ pour les pécheurs, et ce fut à grand'peine qu'il parvint à contenir sa joie. « Ah! s'écria-t-il, dès que le service fut terminé, la voici enfin la vérité qui est contenue dans la Parole de Dieu! longtemps je l'ai cherchée sans jamais avoir pu la trouver auparavant. » Depuis ce jour, le vieil Abraham fut animé d'une nouvelle vie.

Plusieurs années après, lady Huntingdon, ayant invité un célèbre prédicateur à venir passer quelques semaines à Brighton et à Oathall, pour ranimer le zèle de ces Eglises, elle reçut de lui la réponse suivante : « Non, madame, je ne puis accé-
» der à vos désirs, car j'ai résolu de ne plus quitter
» mon poste à la légère. Toutes les fois que je laisse
» mes abeilles, ne fût-ce que pour peu de jours,
» je les retrouve occupées à folâtrer, à se battre
» ou à se voler mutuellement. Au lieu de recueillir
» du miel sur les fleurs du jardin de Dieu, elles
» remplissent l'air de leur vain bourdonnement;

» souvent même elles lancent par leurs aiguillons le
» venin de leurs petits cœurs. En vérité, elles sont
» quelquefois si furieuses, et elles se laissent dé-
» ranger par si peu de chose, qu'il me faut frapper
» sur le métal au moins pendant trois mois avant
» qu'elles se remettent à l'ouvrage. »

Ce singulier mélange d'esprit, de bon sens et de
brusquerie est de la plume originale du révérend
John Berridge que nous allons maintenant présenter
à nos lecteurs. Il est grand et robuste ; sa manière de
parler lente et mesurée ne paraît convenir qu'à des
discours graves ; cependant sous ces dehors sérieux,
solennels même, se cache une certaine gaîté native,
qui lui donne à la fois et une grande originalité
et une chaleur d'affection que l'on rencontre rarement chez un célibataire. Mais quoique Berridge ne se
soit jamais marié, nul moins que lui ne vécut d'une
vie solitaire et égoïste ; durant vingt-cinq ans, il
alla d'une ville à l'autre, prêchant dix ou douze sermons par semaine ; sa table était toujours ouverte à
ceux de ses auditeurs qui venaient de loin, et dans
diverses localités, il avait loué des maisons et des
fermes pour loger les laïques qu'il envoyait à ses frais

annoncer le message du salut. Depuis deux ans
déjà, Berridge était établi dans la cure d'Everton,
lorsque, en 1757, il commença à être inquiet de
l'état de son âme. Comme beaucoup d'autres, il était
entré dans le ministère sans avoir éprouvé cet
amour qui agit par la foi et purifie le cœur. Il considéra sa propre vigne, et voilà, il la trouva sèche
et stérile; ces pluies de miséricorde qui fécondaient
les travaux de cultivateurs plus spirituels, lui
avaient été refusées. « Seigneur, dirige-moi! enseigne-moi ta voie, et conduis-moi à une connaissance
de la vérité telle qu'elle est en Jésus : » telle fut dès-
lors le cri de son âme. Enfin, le Saint-Esprit daigna
l'éclairer; une lumière plus pure brilla dans son
cœur; le salut par Christ devint la pierre angulaire sur laquelle reposa son espérance et l'unique
refuge qu'il indiquait aux hommes pour éviter la
colère à venir. Laissons-le nous raconter lui-même
les fruits de son nouveau ministère.

« Bientôt après que j'eus commencé à prêcher le
» pur Evangile à Everton, les églises voisines de-
» vinrent désertes et la mienne fut tellement rem-
» plie que le seigneur de l'endroit, qui, disait-il,

» ne pouvait souffrir le changement, se joignit
» aux pasteurs offensés pour porter plainte contre
» moi, sous prétexte que j'allais prêcher dans des
» églises qui n'étaient pas la mienne. En consé-
» quence, je fus sommé de comparaître devant
» l'évêque.

» — Eh bien, Berridge, me dit celui-ci ; vous
» ai-je établi à Eaton ou à Potten? Pourquoi prê-
» chez-vous hors de votre paroisse?

» — Milord, lui répondis-je, je ne réclame point
» les revenus de ces paroisses ; il est vrai que me
» trouvant un jour à Eaton et voyant quelques per-
» sonnes rassemblées, je les suppliai de se repentir
» de leurs péchés et de croire au Seigneur Jésus-
» Christ pour obtenir le salut de leurs âmes. Il est
» vrai aussi qu'à ce même moment cinq ou six pas-
» teurs avaient quitté leurs paroisses pour se pro-
» mener sur le boulingrin d'Eaton....

» — Je vous dis, interrompit l'évêque, que si
» vous continuez à prêcher où vous n'en avez pas
» le droit, il est probable que vous serez mis en
» prison.

» — Je n'ai pas plus envie qu'un autre d'aller en

» prison, milord, repris-je; toutefois j'aime mieux
» la prison, avec la certitude d'avoir fait mon de-
» voir, que la .liberté, avec le remords d'avoir agi
» contre ma conscience. — Là-dessus, l'évêque m'as-
» sura qu'il avait été et qu'il désirait toujours être
» mon ami ; il me supplia de ne pas empoisonner
» ses derniers jours par des querelles avec mes col-
» lègues, mais de rester dans ma propre église,
» où j'étais libre de faire tout ce que je vou-
» drais. — Quant à votre conscience, ajouta-t-il,
» vous savez qu'il est contraire aux ordonnances
» de l'Eglise de prêcher hors des limites de votre
» paroisse.

   » — Il est une autre ordonnance à laquelle je
» n'oserais désobéir, lui répondis-je ; c'est celle-ci :
» *Allez, prêchez l'Evangile à toute créature.* »

Mais si Berridge avait contre lui des adversaires
puissants, il trouva aussi de puissants protecteurs,
en sorte qu'Everton et le pays environnant purent
jouir en paix des bénédictions temporelles et spirituelles qu'il répandait autour de lui.

Berridge avait quarante ans à l'époque de sa conversion en 1757. Quelques mois plus tard, il ren-

contra Wesley et Whitefield, contre lesquels il avait nourri autrefois de grandes préventions ; maintenant, il les reçut comme des frères bien-aimés, et lady Huntingdon, dont il fit bientôt après la connaissance, lui témoigna toujours une grande affection. L'originalité et la richesse de son esprit le faisaient apprécier de tous ceux qui l'approchaient, et son attachement presque opiniâtre, à ce qu'il regardait comme son devoir, ne choquait nullement ceux qui connaissaient la sincérité de sa piété.

CHAPITRE IX.

La vallée de Baca.

Au commencement de l'année 1757, nous retrouvons lady Huntingdon à Bath, avec lady Shirley
et sa fille favorite, Sélina Hastings. Wesley prêchait
souvent dans sa maison à un auditoire composé de
l'élite de l'aristocratie. Dans les premiers jours de
février, elle revint à Londres, où elle entendit au
Tabernacle un sermon de Whitefield, qui prêchait,
devant une immense assemblée, sur ce texte : *Dé-
chirez vos cœurs et non pas vos vêtements* (1). Elle

(1) Joël, II, 13.

nous donne elle-même les détails suivants sur la célébration de la sainte cène qui fut faite dans sa maison par Whitefield et Romaine peu de jours après : — « Tous les assistants furent touchés jusqu'aux larmes par les paroles de Whitefield. Mon âme était si profondément pénétrée de l'étendue de cet amour qui passe l'entendement, que j'étais prête à m'écrier avec Pierre : *Il est bon que nous demeurions ici !* — Seigneur, donne-moi de profiter des grâces que tu m'accordes ! — La présence de Dieu au milieu de nous était manifeste et donnait une grande force à sa Parole. Comme toutes les choses de la terre paraissent futiles et vaines à côté des jouissances ineffables d'un tel moment ! »

Dans le courant de la même année, quelques-uns des auditeurs de Berridge furent atteints de convulsions, comme l'avaient été à plusieurs reprises ceux de Wesley. Romaine fut prié de se rendre sur les lieux pour constater ce phénomène extraordinaire, et il ne tarda pas à se convaincre que l'Esprit de Dieu se faisait sentir d'une manière admirable à Everton, quoiqu'il s'y mêlât beaucoup d'enthousiasme. Wesley raconte à ce sujet : « J'ai souvent observé que des symptômes de ce genre se manifestent quelquefois au commencement d'un grand réveil. Cela est arrivé dans la nouvelle Angleterre, en Ecosse, en Hollande, en Irlande et dans plusieurs parties de notre pays ; mais au bout de quelque temps, l'exaltation se dissipe ou se calme, et l'œuvre de Dieu se poursuit silencieuse et paisible. »

Lady Huntingdon se rendit elle-même à Everton avec quelques pasteurs de ses amis. Aussitôt que leur arrivée fut connue, dix mille personnes se réunirent pour entendre les prédicateurs de l'Evangile et témoignèrent la plus vive émotion.

Peu de temps après, une douloureuse affliction vint frapper la comtesse ; elle perdit sa plus jeune fille, Sélina Hastings, qui mourut d'une fièvre insidieuse, à l'âge de vingt-six ans. Aussi aimable qu'accomplie, Sélina était tendrement attachée à sa mère, dont elle allégeait les chagrins par son affection et sa sympathie. « C'était ma fille la plus ché-
» rie, le désir de mes yeux, la joie de mon cœur,
» écrivait la mère affligée à un de ses amis. Le jour
» où elle tomba malade, la chère enfant me dit
» en se mettant au lit qu'elle ne se lèverait plus :

» elle ajouta que ce n'était pas la première fois qu'elle
» pensait à la mort et qu'elle n'avait aucun désir de
» vivre. « Ainsi, chère mère, pourquoi pas main-
» tenant ?... continua-t-elle ; le Seigneur peut me
» rendre prête à partir, quand il lui conviendra,
» et si je vivais plus longtemps, peut-être ne se-
» rais-je pas mieux préparée qu'aujourd'hui. » — Elle
» me demanda ensuite de prier auprès d'elle, et
» elle suivait mes paroles de l'air le plus pénétré.
» Elle me dit une fois pendant sa maladie : « Ma
» mère chérie, viens te coucher à côté de moi ;
» que je te presse contre mon cœur, et alors je se-
» rai heureuse ! » Durant les quatre derniers jours,
» elle s'écriait souvent : « Jésus, enseigne-moi !
» purifie-moi ! » — La veille de sa mort, je lui de-
» mandai si elle me reconnaissait : « Ma mère bien-
» aimée !... » répondit-elle. Je lui demandai aussi
» si elle était heureuse ; elle souleva la tête et mur-
» mura en m'embrassant : « Je suis heureuse....
» oui, bien heureuse ! » La chère enfant eut encore
» la force de donner des directions à sa femme de
» chambre, touchant ses bijoux, disant qu'elle n'o-
» sait en parler à sa mère de peur de l'affliger. —

» Souvent elle répétait : « Ma seule espérance de
» salut est dans la miséricorde de Jésus-Christ. »
» *Heureux sont les morts qui meurent au Seigneur !...* »
Parmi les lettres d'affection et de sympathie, écrites dans cette triste circonstance à la mère éprouvée,
celle de Berridge est trop remarquable et trop ca-
ractéristique pour que nous ne la citions pas ici.

« MADAME,

« J'ai reçu votre lettre, et j'espère que vous ne tarde-
» rez pas à pouvoir rendre grâces à votre Rédempteur
» de ce qu'il vous a retiré votre fille d'une manière
» si soudaine. Je vois une grande miséricorde dans
» la rapidité avec laquelle elle vous a été ravie, et
» quand votre cœur ne saignera plus à son su-
» jet, vous serez de mon avis. Songez donc de
» quoi elle est délivrée par son départ. Elle est dé-
» livrée de la lèpre d'un mauvais cœur, des tenta-
» tions d'un monde corrompu, des piéges d'un
» démon impitoyable, de douleurs amères, sembla-
» bles à celles qui vous accablent en ce moment, de
» tout ce qui peut offenser l'oreille, affliger les
» yeux, blesser le cœur. Et où est-elle maintenant ?

» Dans un séjour où règne une paix éternelle, où
» il n'y a plus ni maladie du corps, ni souci de l'in-
» telligence, ni peine du cœur ; dans un séjour où
» tout est amour et joie, où les rachetés contem-
» plent avec ravissement et bénissent avec adora-
» tion l'Agneau qui les a lavés dans son sang, qui
» les a faits rois et sacrificateurs à Dieu à tou-
» jours ! Oh ! madame, je vous le demande, que
» pouvez-vous désirer de plus pour votre enfant ?
» N'est-il pas bien préférable pour elle de chanter
» dans le ciel : *Digne est l'Agneau qui a été im-
» molé*, que de vous survivre pour avoir à pleurer
» sur vous comme vous pleurez maintenant sur
» elle ? Et pour vous-même également, ne vaut-il
» pas mieux que votre Sélina vous ait été enlevée,
» que si votre cœur était partagé entre Christ et
» Sélina ? Elle est partie pour un bienheureux
» voyage, et vous la retrouverez un jour pour ne
» plus vous séparer d'elle. Si elle était en voyage
» au-delà des mers, vous auriez supporté à mer-
» veille cette séparation ; mais, c'est au ciel qu'elle
» est allée, et vous trouvez cela presque intoléra-
» ble ! En vérité, votre conduite est bien peu rai-

» sonnable, elle ne me surprendrait pas de la part

» de beaucoup de personnes, mais de votre part,

» madame, j'en suis affligé, et Sélina quitterait le

» ciel à regret, si elle était rappelée pour satisfaire

» votre tendresse égoïste. Je ne puis vous consoler

» et je ne veux pas vous flatter. Encore une fois,

» je me réjouis que cette chère jeune fille vous ait

» précédée au ciel. Pleurez, si vous voulez, mais

» gloire, gloire à Dieu, dira toujours,

» John Berridge. »

Dans une autre lettre, il disait :

« Oh ! cœur de l'homme, qu'es-tu ? Un assemblage

» de folies et d'absurdités, la chose du monde la

» plus vaine, la plus folle, la plus rusée, la plus

» mauvaise ! Et cependant le Seigneur Jésus de-

» mande ce cœur, donne son sang pour l'acquérir.

» Amour merveilleux, condescendance adorable !

» Prends-le, Seigneur, et qu'il n'appartienne qu'à

» toi seul. »

Venn écrivit aussi à la comtesse une affectueuse
lettre de condoléance.

« J'ai beaucoup prié, lui disait-il, pour que votre

8

» rude épreuve puisse être sanctifiée, et que l'a-
» mertume de cette douloureuse séparation soit
» adoucie par des manifestations de plus en plus
» évidentes de l'amour de notre Dieu-Sauveur. »

Aussitôt que ses occupations le lui permirent, il alla voir la mère affligée, et il déclara avoir reçu beaucoup de bien de cette visite.

Dans le courant du printemps, Grimshaw, pasteur à Haworth, mourut d'une fièvre contagieuse qui régnait dans sa paroisse. Depuis le commencement de sa maladie, il sentit que sa fin était proche, et il put considérer avec calme le roi des épouvantements. « Depuis que je connais Dieu, disait-il, je n'ai jamais joui de sa présence comme je le fais maintenant. » Il avait alors cinquante-cinq ans et était dans la vingt et unième année de son ministère.

CHAPITRE X.

Chapelles. — Lady Glenorchy.

Romaine habita Lambeth plusieurs années; il avait un petit jardin qu'il prenait plaisir à cultiver lui-même; mais à côté de ces fleurs périssables, il dut en élever d'autres d'une nature moins fragile, car il se maria en 1755, et eut plusieurs enfants. A cette époque, son traitement régulier n'était que de 150 fr., et quoiqu'il reçût d'ailleurs d'autres fonds, il était obligé de vivre avec la plus stricte économie.

En 1764, la cure de Sainte-Anne devint vacante. « Dès que la nouvelle m'en parvint, dit lady Huntingdon, je fus immédiatement convaincue que Romaine devait occuper cette place. » — Ses amis ayant sondé les paroissiens qui devaient présenter un candidat, les trouvèrent plus favorables qu'ils n'avaient osé l'espérer. « Mais il est trop fier pour vous demander votre voix, disaient ses adversaires, tandis que notre candidat s'incline respectueusement devant chaque électeur le chapeau à la main. »

Romaine fut informé des démarches de ses amis, et il se rendit à Londres pour le concours; il prêcha sur ce texte : *Car nous ne nous prêchons point nous-mêmes, mais nous prêchons Jésus-Christ le Seigneur, et pour nous, nous sommes vos serviteurs pour l'amour de Jésus* (1). Faisant allusion aux bruits qui avaient circulé sur la raideur de son caractère, il s'exprima ainsi : « Quelques personnes ont prétendu que c'est par orgueil que je ne suis point allé de maison en maison solliciter des votes; mais, je le déclare ici, en toute vérité, j'avais un motif bien différent. Je ne voyais pas comment en

_____

(1) 2 Cor., IV, 5.

allant demander des voix, je pouvais glorifier Dieu.
Jésus sera-t-il honoré, si ses ministres, qui ont
promis de renoncer à la gloire et aux richesses
du monde, les recherchent avec ardeur? Ne serait-ce pas entrer dans une voie toute mondaine?
Puis donc que ces sollicitations ne peuvent pas
être faites pour l'amour de Jésus, ni pour son
honneur, elles sont incompatibles avec notre caractère. De plus, elles ne sauraient vous être utiles. Quel bien, en effet, vos âmes retireraient-elles
de nos importunités? Ne serait-ce pas vous priver
de toute liberté dans votre choix? C'est pourquoi
lorsque mes amis, de leur propre mouvement et
sans ma participation, me mirent sur les rangs
comme candidat au poste de pasteur dans cette paroisse, je résolus de ne rien faire directement ou
indirectement, mais de vous laisser agir de vous-mê-
mes. Si vous me choisissez, je désire être votre
fidèle serviteur pour l'amour de Christ; sinon, que
la volonté du Seigneur soit faite! »

Cette noble attitude attira à Romaine de nombreux partisans; il obtint une forte majorité; mais
les deux autres candidats profitèrent de quelque

défaut de formes dans sa nomination pour faire juger la question à la chancellerie.

Pendant que cette affaire importante se décide,
nous trouvons lady Huntingdon et ses chapelains
répandant la bonne semence à Lewes. La comtesse
obtint que Romaine prêcherait dans un des temples
de cette localité; mais ses pressants appels mécon-
tentèrent tellement les pasteurs, qu'ils finirent par
refuser leurs chaires. Une grande chambre fut
louée, et Romaine y célébra le culte; mais ce local
n'étant pas suffisant pour contenir la foule qui se
pressait pour l'entendre, il prit le parti de prêcher
en plein air. « Tout le monde écoutait avec atten-
» tion et recueillement, écrivait lady Huntingdon,
» tandis que Romaine expliquait ces paroles : *Voici*
» *l'Agneau de Dieu qui ôte le péché du monde.* Je
» n'ai pas vu une seule personne inattentive, et il
» y a tout lieu de croire que plusieurs pauvres pé-
» cheurs ont été touchés à salut. »

Dans le courant de la même année, des préparatifs furent faits pour la construction d'une chapelle à
Bath, qui était le rendez-vous de la société élégante
aussi bien que des malades. On se rappelle que Whi-

tefield y avait autrefois annoncé la bonne nouvelle
du salut. Déjà, en 1752, il avait prêché durant trois
semaines à un cercle nombreux, réuni chez lady
Huntingdon ; trois ans après, lady Gertrude Hotham mit sa maison à la disposition du grand prédicateur. Les classes inférieures avaient aussi été
bénies, quoique d'une manière moins visible, par
les travaux de fidèles serviteurs du Seigneur, en
sorte que le moment semblait favorable pour consacrer un nouveau lieu de culte et pour ouvrir ainsi
aux pasteurs pieux une sphère plus vaste d'utilité.

Pendant que lady Huntingdon s'occupait de cette
construction, lord Chesterfield lui offrit de mettre
sa chapelle de Bretly-Hall au service de ses chapelains. Elle accepta son offre avec joie ; et bientôt
l'antique domaine seigneurial, témoin de tant de
fêtes bruyantes, retentit des sons joyeux de l'Evangile : Romaine et Whitefield prêchaient alternativement, le premier dans la chaire, le second dans
le parc. Romaine, faisant plus tard allusion à cette
époque de sa vie, s'exprime ainsi : « Quinze chaires
m'étaient alors ouvertes, et d'abondantes rosées de
bénédictions fécondaient ma prédication. »

Un des invités de lady Huntingdon se promenant un jour sur les magnifiques coteaux du comté de Derby, rencontra une femme avec laquelle il entra en conversation ; il ne tarda pas à découvrir qu'elle était sincèrement pieuse, sur quoi il lui demanda s'il y avait beaucoup de chrétiens véritables dans les environs, et si l'Evangile y était souvent prêché.

« Hélas non, répondit-elle ; tous ceux avec lesquels je suis en rapport, ignorent la grâce de Dieu en Jésus-Christ. »

« Pourriez-vous me dire comment vous avez appris à la connaître vous-même ? » demanda encore l'étranger.

« Il y a quelque temps, reprit la femme, qu'un homme célèbre, appelé Romaine, prêcha à quelques milles de distance, et plusieurs de mes voisins allèrent l'entendre. Je m'y rendis aussi ; son discours me parut s'adresser entièrement à moi ; il découvrit à mes yeux la perversité de mon cœur, convainquit ma conscience de péché et me montra que j'avais mérité la mort. Je sentis toute la vérité de chacune de ses paroles. Il parla aussi de la miséricorde et de la gloire de Jésus, décrivit ses souffrances

et son sacrifice, déploya les richesses de sa grâce
envers les pauvres pécheurs, et les invita tous à
embrasser par la foi cette grâce, afin d'être heureux
à toujours. Vous ne pouvez vous imaginer l'effet
merveilleux que ces paroles produisirent sur moi ;
je sentis la profondeur de ma misère, je fus pardon-
née, justifiée, et je m'en retournai pleine de joie. »

Tel fut le récit de la paysanne à l'inconnu. A partir de ce moment, ils ne furent plus des étrangers l'un
pour l'autre, car ils appartenaient au même bercail.

La chapelle de Bath fut terminée au mois d'octobre ; Whitefield y prêcha le sermon de dédicace. Il
écrivait à ce sujet : « Malgré la pluie, le local était
» comble, et certainement *le Pasteur et l'Evêque des*
» *âmes* l'a consacré par sa présence adorable. » Romaine y prêcha aussi à plusieurs reprises. Bien qu'il
ne possédât pas l'éloquence imposante de Whitefield, son exposition claire et précise de la vérité,
jointe à une grande connaissance de la Parole de
Dieu, remuait puissamment la conscience de ses
auditeurs. C'était aussi dans cette même chapelle
que Fletcher s'adressait avec une douceur et une
onction irrésistibles aux enfants prodigues de son

temps. « La prédication de M. Fletcher est vraiment apostolique, disait lady Huntingdon ; aussi la
bénédiction divine accompagne-t-elle sa parole d'une
manière remarquable. » L'éloquence des prédicateurs attira dans le nouveau lieu de culte, non-seulement les personnes sérieuses, mais encore des visiteurs mondains, très-distingués par leur position.

Lord et lady Glenorchy se trouvaient cette année
à Bath. Peu de temps auparavant, comme ils re-
tournaient en Ecosse, après un long voyage, d'où
ils ne rapportaient qu'excitation et joie frivole, lady
Glenorchy avait été atteinte d'une grave maladie dans
un village situé à quelque distance de l'habitation de
Rowland Hill. Par son intimité avec la famille
Hill, lady Glenorchy apprit bientôt à apprécier
la spiritualité du christianisme ; elle fut convaincue qu'il existe une vie plus noble et plus élevée
que celle qui est entourée de dissipations et de plaisirs bruyants. Ce fut sur son lit de souffrances que
son âme commença véritablement à vivre. Elle
trouva en Jésus-Christ la précieuse *pierre angulaire* ;
et dès-lors, quoique ornée des dons naturels les plus
brillants, la jeune et belle lady Glenorchy aban-

donna le monde pour se consacrer tout entière au service de son divin Maître. Ses amis s'étaient alarmés du changement qui s'était produit en elle, et pour chasser de son esprit ce sérieux inaccoutumé, ils avaient conseillé à son mari de la conduire à Bath, rendez-vous des gens à la mode. Mais son séjour dans cette ville, bien loin de l'ébranler, ne fit que l'affermir dans ses nouvelles croyances ; elle y rencontra lady Huntingdon, et eut l'avantage d'entendre des prédications qui fortifièrent sa foi et nourrirent son âme.

« Assurément le monde ne manquera pas de blâ-
» mer votre choix, lui écrivait son amie, Mlle Hill ;
» il vous dira qu'il est dur pour vous de rompre
» ainsi avec vos amis et vos connaissances ; il es-
» saiera, par une sorte de pitié, de vous enlacer de
» nouveau dans ses filets : *Souvenez-vous*, disait Jé-
» sus, *de la parole que je vous ai dite, que le serviteur*
» *n'est pas plus grand que son maître ; s'ils m'ont*
» *persécuté, ils vous persécuteront aussi ; s'ils ont*
» *observé ma Parole, ils observeront aussi la vôtre ;*
» *je vous ai dit ces choses, afin que vous ne vous*
» *scandalisiez point.* Ces paroles de notre Seigneur

» doivent être une consolation pour tout croyant.
» Puissent-elles nous apprendre à *regarder toutes*
» *les autres choses comme une perte*, *en comparai-*
» *son de l'excellence de la connaissance de Jésus-*
» *Christ notre Sauveur*, et à considérer comme un
» privilége (nous qui ne pouvons *faire* que si peu
» pour Christ !) d'être appelés *à souffrir* pour lui en
» quelque manière, jusqu'à ce qu'il nous donne
» enfin une part des triomphes réservés à cette foi
» *qui surmonte le monde*. Oh ! que ce soit là vo-
» tre partage, chère madame ! — Je me réjouis
» que vous ayez eu le courage de vous tenir éloi-
» gnée de tous les lieux d'amusements et de ce qu'il
» vous a été donné de voir le danger que vous cou-
» riez de tomber de nouveau dans les piéges du
» monde. Ces plaisirs, que maintenant, grâces à
» Dieu, vous trouvez sans saveur et incapables de
» satisfaire votre âme, sont aussi impuissants pour
» procurer un contentement durable que le ver
» luisant le serait pour éclairer le monde. Rappe-
» lons-nous toujours que celui qui néglige volontai-
» rement Christ et son salut, n'a rien à attendre que
» de l'amertume ; mais si le Seigneur nous dit :

» *Vos péchés vous sont pardonnés* ; s'il ajoute cette
» promesse : *Je ne vous laisserai point orphelins* , *je*
» *viendrai à vous*, — nous serons véritablement
» heureux. Ne vous laissez point aller à la défiance
» ou à la crainte ; ce qui nuirait à la cause de l'E-
» vangile et détruirait votre paix. Confiez-vous en
» Dieu ; il achèvera certainement l'œuvre qu'il a
» commencée en vous. Lors même que vous n'ac-
» compliriez vos devoirs qu'imparfaitement , que
» vous vous sentiriez faible et abattue, Christ n'est-il
» pas toujours le même ? Regardez à lui comme à
» un Sauveur *parfait* et soyez assurée qu'il peut
» sauver jusqu'à la fin. »

Comme on peut le penser, lady Huntingdon s'intéressa vivement à cette jeune chrétienne qui avait
à lutter contre des ennemis intérieurs et contre des
tentations puissantes ; ses entretiens et son exemple
furent d'un grand secours à lady Glenorchy, ainsi
que nous pouvons en juger par les lignes suivantes
que celle-ci, de retour à Edimbourg, adressa à la
bonne comtesse : « Comment vous exprimerai-je ,
» chère madame, ma reconnaissance pour toutes
» vos bontés envers moi ? Les mots sont trop faibles

» pour rendre ce que j'éprouve. Vous me dites que
» vous avez pour moi de l'affection ; hélas ! je trem-
» ble de devenir pour vous une croix, et cette
» crainte me fait beaucoup souffrir. J'espère que le
» Seigneur m'a envoyé cette pensée pour m'exciter
» toujours plus à veiller sans cesse et afin que je me
» tienne près de Celui qui peut seul m'empêcher de
» tomber dans le mal. Après la faveur de Dieu, ce
» que j'ambitionne le plus, c'est de devenir digne
» de votre estime, et de faire partie au jour éternel
» de votre couronne de gloire. »

. Bientôt après le départ de lady Glenorchy, sa
sœur, lady Sutherland et son mari, arrivèrent à
Bath ; ils étaient dans une grande affliction, ayant
perdu récemment leur premier-né. Ils furent recom-
mandés à la sympathie de lady Huntingdon, qui
s'empressa de les visiter. « Je n'ai jamais vu, dit-elle,
un couple plus aimable ; on peut avec raison les appeler *la Fleur de l'Ecosse.* J'espère que Dieu dans sa
bonne providence les a envoyés ici afin de les conduire aux sources d'eaux vives. »

Lord et lady Sutherland suivirent les prédications
de Whitefield, mais pendant peu de temps seule-

ment, car ils furent tous les deux enlevés par une
fièvre maligne à quelques jours d'intervalle l'un de
l'autre. Cet évènement répandit dans la ville une
tristesse générale. Deux sermons furent prêchés à
cette occasion dans la chapelle de lady Huntingdon,
devant toute la noblesse qui se trouvait alors à
Bath.

Pendant l'été, Whitefield partageait son temps entre Bath et Bristol. Il fut assisté par Venn, qui fit
beaucoup de bien, non-seulement par ses prédications, mais encore par ses entretiens aussi agréables qu'édifiants.

Mais revenons à la cure de Sainte-Anne : Romaine fut nommé à cette cure par le chancelier au
mois de février 1766, à la grande joie de tous ceux
qui le connaissaient et qui s'intéressaient aux progrès de la vérité.

Il répondit aux félicitations de ses amis par ces
simples paroles : « C'est la volonté de mon Maître, je
l'accepte. » — A lady Huntingdon, il écrivit ce qui
suit :

« Je m'étais promis un peu de repos vers la fin de
» ma carrière, mais maintenant tous mes plans

» sont renversés. Je suis appelé à remplir des fonc-
» tions difficiles ; je ne vois devant moi, aussi
» longtemps que je vivrai, que des luttes, avec des
» hommes corrompus et un clergé en colère. De
» plus, comme par le passé, j'aurai à combattre un
» ennemi cruel et subtil, qui *cherche continuellement*
» *à me dévorer.* Aussi, lorsque je prends conseil de
» la chair, mon cœur défaille ; mais lorsque je
» m'approche de Dieu par la prière, oh ! alors, ma
» tâche me paraît belle, et je vois en mon Maître tout-
» puissant, un Ami éprouvé qui ranime mon cou-
» rage. De moi-même, il est vrai, je n'ai pas la ca-
» pacité nécessaire pour remplir l'œuvre qui m'est
» confiée, et cependant le Seigneur m'y appelle ;
» je m'appuie donc sur lui, persuadé qu'il me forti-
» fiera et qu'il couronnera de succès mes faibles ef-
» forts. Je désespère de rien accomplir par moi-
» même, et plus j'aurai à agir, plus je serai obligé
» de vivre par la foi en lui. Ainsi Jésus me devien-
» dra toujours plus nécessaire ; je m'approcherai
» toujours plus près de lui. Et comme je dépends
» plus que jamais de sa grâce, il m'encourage dès à
» présent en me donnant de plus fortes marques de

» son amour. Il me semble que j'entends sa douce
» voix qui me répète sans cesse : Approche-toi, ap-
» proche-toi de moi, je dirigerai tous les évène-
» ments de ta vie, de manière que tu ne puisses
» pas te passer un seul instant de mon secours. »

Romaine, alors dans sa cinquantième année, commençait une œuvre qu'il devait poursuivre pendant trente ans.

CHAPITRE XI.

Les hommes rouges qui habitaient les forêts de
l'Amérique excitaient au plus haut point, à cette
époque, la curiosité et l'intérêt de la nation anglaise.
Mais tandis que le monde se préoccupait des his-
toires merveilleuses racontées au sujet de ces régions
lointaines, les chrétiens pensaient avec tristesse à
l'état d'ignorance et de dégradation de ces peuples
sauvages. Aussi participèrent-ils tous d'un commun
accord aux tentatives qui furent faites pour répandre l'Evangile chez ces tribus idolâtres, et lorsque

enfin un prédicateur indien, Samson Occum, arriva à Londres, une foule immense de fidèles accourut avec joie pour l'entendre, se plaisant à voir en lui le premier épi d'une glorieuse moisson.

Le docteur Wheelock fonda pour les jeunes Indiens une école dans le Connecticut; Whitefield prit cette œuvre sous sa protection. « J'ai fait connaître ici » votre mission indienne, écrivait-il au docteur » Wheelock, et il a plu à Dieu de toucher le cœur » du marquis de Lothian, qui m'a remis 1250 fr. » Maintenant que le Seigneur nous a ouvert le Ca- » nada, quelle responsabilité sera la nôtre, si nous » ne travaillons pas, en vue de sa gloire, à la con- » version des pauvres païens. »

Une dame anonyme fit aussi un don considérable; la lettre suivante du docteur Wheelock à lady Huntingdon nous révèle son nom:

« Je me sens encouragé et fortifié, madame, » lorsque je trouve dans une personne de votre po- » sition un amour si fervent pour Christ et un si » grand zèle pour le salut des âmes de ces pauvres » sauvages. Mon école indienne prospère; j'ai vingt- » six élèves: deux sont partis comme missionnai-

» res et trois remplissent les fonctions de maîtres
» d'école. Dernièrement tous nos plans allaient être
» arrêtés faute de ressources, lorsque j'appris par
» une lettre de Whitefield qu'une dame anonyme et
» dévouée à notre œuvre nous envoyait 2,500 fr. Je
» m'empresse, madame, de remercier de tout mon
» cœur cette généreuse bienfaitrice, et les bénédic-
» tions de ces pauvres âmes prêtes à périr retombe-
» ront aussi sur elle. »

Cependant, les dons que l'on recevait de l'Angleterre étant insuffisants pour couvrir les dépenses de
l'école, le docteur Wheelock se décida à envoyer en
Europe un de ses meilleurs élèves, Samson Occum,
missionnaire parmi les Narragonsetts, qui partit, en
effet, avec le révérend Whitaker, pour recueillir des
fonds en faveur de la mission indienne. C'était en
1767. Patronné par lady Huntingdon et Whitefield,
Occum pénétra bientôt dans la société chrétienne de
Londres, où il excita un intérêt universel ; ses prédications furent très-suivies, et, dans tout son voyage,
il fut accueilli avec joie. « Dieu veuille le préserver
des piéges du démon ! » disait son vieil instituteur,
le docteur Wheelock, en apprenant ses succès. Les

souscriptions recueillies furent si abondantes que le collège indien ne tarda pas à prendre une grande extension, et, afin qu'il pût se développer encore davantage, on résolut de le transporter dans une localité éloignée et presque entièrement inhabitée. On choisit donc un terrain dans le New-Hampshire, et le docteur Wheelock, alors âgé de plus de soixante ans, alla fonder une nouvelle colonie au milieu de forêts non encore explorées. Il commença par faire abattre quelques pins, et de petites cabanes furent construites dans une clairière; la famille du docteur et ses élèves, au nombre de soixante-dix, partirent alors pour le joindre. Après un pénible et long voyage, ils arrivèrent auprès de lui, et bientôt les hymnes de la louange et les prières de l'action de grâces vinrent rompre le silence de cette solitude. Par son énergie pleine de joie, par sa foi inébranlable, le docteur soutenait les plus faibles, et avec l'ardeur de la jeunesse, il prenait sa part des travaux et des privations. Les pluies d'automne vinrent momentanément arrêter les constructions; bref, la petite colonie éprouva bien des souffrances de diverses natures pendant cette première année; le manque d'eau, l'insuffisance des provisions, la neige qui pénétrait dans leurs demeures, tout concourut à faire de cet hiver un temps de rude épreuve pour les pauvres colons. Toutefois, ils ne faiblirent point, soutenus qu'ils étaient par une confiance sans bornes en Celui qui est le refuge et la forteresse de ceux qui le craignent. Dieu était véritablement au milieu d'eux, avec les témoignages de sa faveur ; et, par l'influence de la grâce toute-puissante qui convertit et régénère, le docteur Wheelock eut la joie de voir trente membres de son troupeau se consacrer au service de Dieu.

Dans le courant de l'année pendant laquelle Occum visita l'Angleterre, lady Huntingdon perdit une de ses amies, Mme Venn. C'était une personne pieuse et aimable ; sa mort affecta vivement son mari, mais les consolations promises aux serviteurs de Dieu lui furent abondamment accordées. « Depuis qu'elle m'a » quitté, écrivait-il, je sens qu'elle est auprès du » Seigneur, et cette pensée est pour moi comme » une vision, tant elle est évidente, continuelle et » délicieuse. Dieu m'accorde aussi de contempler sa » gloire ineffable, et de sentir qu'il est véritable-

» ment une source d'eau vivifiante pour ceux qui
» sont privés de joies terrestres. Il est bien heureux
» que je sois ainsi soutenu, car depuis le moment
» de mon épreuve les adversaires se sont écriés :
« Nous allons voir maintenant à quoi aboutiront
» ses grands discours sur la puissance de la foi. » Ils
» savaient combien notre intérieur était heureux,
» et ils disaient à mes paroissiens : « Vous verrez
» que votre pasteur se conduira exactement comme
» l'un de nous le ferait dans les mêmes circonstan-
» ces. » Mais Dieu m'a entendu et m'a exaucé; il m'a
» donné la force de prêcher le dimanche qui suivit la
» mort de ma femme; aussi, quelques heures après
» l'enterrement, tous les murmures avaient cessé, et
» les membres de mon petit troupeau, qui s'étaient
» joints à moi pour prier avec ferveur, m'ont dé-
» claré que depuis mon arrivée parmi eux, ils
» n'avaient jamais reçu autant de bien. »

La mort de lord Buchan, frère de lady Gardener
et pair d'Ecosse, arriva aussi à cette époque. Il était
venu à Bath avec sa famille pour cause de santé,
peu après l'ouverture de la chapelle; là il put re-
nouveler connaissance avec lady Huntingdon, et il

se lia avec plusieurs pasteurs pieux. Loin de s'améliorer, sa santé devenait de plus en plus mauvaise ; mais à mesure que son corps s'affaiblissait, son âme semblait naître à une vie nouvelle. Il recherchait avec avidité tous les moyens d'édification qui lui étaient offerts, et bientôt enfin, il put s'approprier par une véritable foi le salut qui est en Jésus-Christ. Quelques jours avant sa mort, il envoya chercher lady Huntingdon, et lui dit : « Je fonde toutes mes espérances sur le sacrifice du Fils de Dieu ; je regarde uniquement à lui ; c'est sur lui seul que je me repose pour obtenir le salut et la vie éternelle. Ma confiance en lui est aussi ferme qu'un roc. » — Après sa mort, son fils se joignit au peuple de Dieu et devint un ardent défenseur de la vérité.

Lady Anne Erskine, la fille aînée de lord Buchan, personne d'une grande piété, habita dès-lors avec lady Huntingdon, qui eut pour elle la tendresse d'une mère, et qui par la suite l'associa à tous ses travaux.

· CHAPITRE XII.

Treveeea.

A cette époque, il y avait à Cambridge et à Oxford un grand nombre d'étudiants pieux. Parmi ceux de Cambridge, Rowland Hill se faisait déjà remarquer par cet élan infatigable dans la cause de la vérité qui l'a rendu plus tard si célèbre. A Oxford, il se forma une petite société de jeunes gens, lesquels, non contents d'avoir trouvé le salut pour eux-mêmes, allaient dans les demeures des pauvres annoncer l'Evangile. Leur zèle excita la jalousie du clergé anglican et les railleries de leurs condisciples; depuis longtemps un orage s'amoncelait, et finalement il éclata sur la tête de six étudiants, qui furent expulsés de l'université pour avoir prié, lu, expliqué les Ecritures et chanté des cantiques dans des maisons particulières. Le principal du collége prit chaleureusement la défense des inculpés; il déclara que les doctrines qu'ils professaient étaient celles reconnues par l'Eglise établie, et rendit témoignage à leur profonde piété de même qu'à leur conduite exemplaire; mais tout cela n'empêcha pas la sentence prononcée contre eux de recevoir son exécution.

« Qu'il est triste, » s'écrie à cette occasion lady Huntingdon avec douleur, « qu'il est triste de voir des ministres, qui prétendent enseigner les doctrines de la Réformation, agir avec tant de cruauté, de tyrannie et d'injustice, envers des hommes qui sont scrupuleusement attachés aux articles de foi de notre Eglise et qui s'efforcent d'en propager les principes ! »

Cette affaire hâta l'exécution d'un projet que lady Huntingdon avait formé depuis longtemps, celui d'établir une faculté indépendante pour élever de jeunes pasteurs.

Après beaucoup de délibérations, les règlements du collége furent arrêtés ; des jeunes gens d'une piété reconnue, et qui avaient le désir de se dévouer à l'œuvre du ministère, pouvaient seuls y être admis ; ils devaient y demeurer trois ans ; après quoi, ils étaient libres d'entrer, soit dans l'Eglise nationale, soit dans l'Eglise dissidente.

Cette institution fut fondée près de la colonie de Trevecca, dans le pays de Galles. Un des motifs qui firent choisir cet emplacement fut probablement la présence de Howel Harris, cet éminent serviteur de Dieu, dont le zèle, malgré l'affaiblissement de sa santé, était toujours aussi ardent.

Venn, dans un de ses voyages, visita « l'heureux Trevecca, » comme il appelle cette petite localité ; il écrit à ce sujet : « Howel Harris est le père et
» le fondateur de cette colonie. Après avoir, pen-
» dant quinze ans, travaillé à réveiller les âmes
» avec plus d'activité peut-être qu'aucun autre
» serviteur de Christ, il est retenu chez lui de-
» puis sept ans par sa mauvaise santé. Au com-
» mencement de sa réclusion, plusieurs person-
» nes, converties par son moyen, vinrent s'établir

» autour de lui ; d'autres suivirent leur exemple, en
» sorte que bientôt la colonie fut composée de cent
» vingt personnes, hommes, femmes et enfants. Cette
» petite communauté m'a paru des plus avancées
» dans la grâce , et je conserverai toujours un
» précieux souvenir. du troupeau et de son pas-
» teur. »

Lady Huntingdon loua une habitation dans le voisinage de Trevecca ; elle y fit arranger une chapelle, et Whitefield prêcha le sermon de dédicace sur ce texte : *En tout lieu où je mettrai la mémoire de mon nom, je viendrai à toi et je te bénirai* (1). Le dimanche suivant, plusieurs milliers d'auditeurs se réunirent encore dans la cour, avides qu'ils étaient d'entendre la voix du grand prédicateur.

Presque tous les amis de lady Huntingdon avaient approuvé son projet ; quelques-uns cependant, parmi lesquels se trouvait Berridge, voyaient la chose d'une manière différente.

La comtesse passa la plus grande partie de cette

(1) Exode, XX, 24.

année à Trevecca, et sa profonde piété exerça sur ses alentours la plus heureuse influence; l'esprit de dévotion était si généralement répandu, que lorsqu'on se promenait dans les vallées environnantes, il n'était pas rare d'entendre la voix des étudiants qui se réunissaient dans les bois pour prier ensemble.

A la piété que l'on respirait dans le collége, s'unissait une grande activité chrétienne, dont les résultats salutaires se firent bientôt sentir dans tout le voisinage; les étudiants annonçaient le salut de village en village; ils allaient même quelquefois faire des tournées d'évangélisation, et cette œuvre missionnaire produisit de beaux réveils dans plusieurs Eglises qui sont maintenant florissantes.

Pendant plusieurs années, l'anniversaire de l'ouverture de cette faculté présenta un grand intérêt; des milliers de personnes se réunissaient pour assister à la fête et entendre la Parole de vie. La bénédiction divine reposait évidemment sur cette œuvre; personne ne pouvait le méconnaître; et Berridge lui-même, en apprenant le bien opéré par les prédications des professeurs et des étudiants, fut obligé de

convenir qu'il avait eu tort de blâmer le projet de
lady Huntingdon. Il lui écrivit à ce sujet les lignes
suivantes :

« Je suis heureux d'apprendre que Dieu a abon-
» damment répandu son Saint-Esprit sur Trevecca.
» Jésus a maintenant baptisé votre collége, et il
» vous a ainsi témoigné son approbation : vous pou-
» vez donc vous réjouir, toutefois comme en trem-
» blant. Sans doute, il vous est permis d'espérer
» qu'il sortira de fidèles ouvriers de votre collége;
» mais souvenez-vous que si Christ y est, il y aura
» certainement aussi un Judas. Je crois que l'in-
» fluence du Saint-Esprit au milieu de vous sera
» durable; mais le repos ne durera pas toujours,
» ce qui n'est même pas à désirer. Pour que la terre
» soit fertile, l'hiver est aussi nécessaire que l'été ;
» si l'herbe poussait toujours, elle ne produirait
» rien, non plus que ces fleurs qui durent trop
» longtemps, et qui, en général, ne laissent après
» elles aucun fruit. Il en est de même pour les ou-
» vriers ; les afflictions et les tentations sont aussi
» utiles pour les former que les consolations et les
» grâces. Le poisson de Jonas peut nous donner une

» meilleure leçon que le sommet du Pisgah : Jonas
» sortit du poisson prêt à obéir, tandis que Moïse,
» qui était monté sur la montagne plein de dou-
» ceur, en redescendit en colère et brisa les tables.
» Les trois disciples qui attendaient leur Maître sur
» le mont des Oliviers s'y endormirent. Jésus vous
» a donné les moyens d'accomplir de grandes choses
» pour sa gloire ; ainsi vous pouvez compter qu'il vous
» enverra une mesure suffisante d'afflictions pour te-
» nir vos balances en équilibre. Il en agit toujours
» de la sorte. Paul a-t-il travaillé plus que ses frères ?
» Il a aussi souffert plus qu'eux tous. Le Maître dans
» sa sagesse brisera toujours la couronne qui ceint
» votre front, avant de vous en donner une nou-
» velle ; j'en suis tellement convaincu que lorsque
» j'apprends que vous bâtissez une autre chapelle,
» je m'attends tous les jours à apprendre aussi que
» Dieu vous a envoyé une longue maladie.

» Il ne m'appartient pas de vous réjouir, chère
» madame, en vous annonçant que votre jour tou-
» che à sa fin ; mais voici ce que je puis vous dire :
» Continuez vos travaux, bâtissez, combattez cou-
» rageusement, croyez avec ardeur, marchez tou-

» jours les yeux tournés vers le ciel ; les collines
» éternelles sont devant vous et Jésus vous tend les
» bras. Une heure passée auprès de l'Epoux vous
» fera oublier toutes les difficultés de la route. *En-*
» *core un peu de temps, et Celui qui doit venir vien-*
» *dra*, et il vous souhaitera une bienvenue éter-
» nelle. Ici-bas, nous avons besoin que notre
» compatissant Médecin nous administre des remè-
» des, mais dans le ciel, les rachetés pourront s'é-
» crier : « Nous ne sommes plus malades. »

» Je viens de passer trois semaines bien tristes ;
» mes jours ont été obscurs et mes nuits n'ont point
» été éclairées par la lune. Je n'ai trouvé un peu
» de consolation que dans la prière. Par moments je
» me prends à désirer la mort du péché et du dia-
» ble, tant ils me tourmentent ; que ma prière soit
» plutôt : « Seigneur, donne-moi la foi et la pa-
» tience ! enseigne-moi à m'attendre à une croix
» quotidienne et à m'en charger joyeusement. » Je
» suis fatigué de moi-même, mais je ne sais pas vi-
» vre en Jésus. Il est un trésor, mais il est caché
» dans un champ, et je ne sais comment le décou-
» vrir dans l'obscurité. — Quant à vous, chère ma-

» dame, puissiez-vous chaque jour être rafraîchie
» par les rosées d'en haut, et puisse la lumière divine
» éclairer vos chapelles et votre séminaire. Je de-
» meure votre affectionné serviteur en Jésus-Christ.

» John BERRIDGE. »

Les amis de lady Huntingdon ne se contentèrent
pas de témoigner leur approbation par des paroles ;
la plupart d'entre eux y joignirent des dons. John
Thornton lui envoya 12,500 fr. pour cette institution, et plusieurs femmes craignant Dieu 25,000 fr.
La comtesse écrit ce qui suit à lady Glenorchy qui
lui avait envoyé à elle seule 10,000 fr. :

« Je vous remercie sincèrement de votre don en
» faveur du collége, qui a été le fruit de beaucoup
» de larmes et de supplications adressées au glorieux
» Chef de l'Eglise. Votre libéralité est certainement
» un des résultats de cette foi, produite dans votre
» cœur par le Saint-Esprit. Le collége prospère ;
» l'onction du Tout-Puissant descend continuellement
» sur ses membres, et il est délicieux de contempler
» la paix et l'harmonie qui y règnent. Animés d'un
» zèle ardent pour Dieu et pour les âmes qui péris-
» sent, nos jeunes gens paraissent tous décidés à dé-

» penser leurs forces au service du Seigneur. Comme
» l'a dit Berridge, le collége a été baptisé du baptême
» du Saint-Esprit ; de grandes grâces reposent sur
» tous ceux qui y habitent, et un succès étonnant
» couronne leurs travaux dans les environs. A Dieu
» seul en soit toute la gloire ! L'œuvre lui appar-
» tient tout entière, il la mènera à bonne fin, j'en
» suis persuadée. La clarté de sa face a réjoui mon
» cœur au milieu de mes travaux, de mes soucis
» et de mes chagrins. Je soupire après un complet
» dévouement à l'avancement de son règne dans
» le monde. Oh ! que ne puis-je avoir mille cœurs
» et mille mains pour les employer à son service !
» Chante, ô mon âme : *Digne est l'Agneau qui a été*
» *immolé de recevoir la puissance, les richesses, la*
» *sagesse, la force, l'honneur, la gloire et la*
» *louange* (1). »

Ces ardents désirs, ces brûlantes aspirations
trouvent-elles de l'écho dans le cœur de beaucoup
de ceux qui font aujourd'hui profession d'être disciples du Seigneur Jésus ?

(1) Apoc., V, 12.

CHAPITRE XIII.

Rowland Hill et Whitefield.

Berridge avait souvent entendu parler d'un jeune homme nommé Rowland Hill, qui était à la tête du mouvement religieux à Cambridge ; il désira faire sa connaissance et l'engagea à venir le voir. Son invitation fut accueillie avec joie. Dès leur première entrevue, il s'établit une grande intimité entre le vieux disciple et son jeune frère ; ils continuèrent à se voir souvent, heureux qu'ils étaient de s'entretenir ensemble des glorieuses prérogatives de leur vocation céleste.

La famille de Rowland Hill était divisée sur les sujets religieux. Son frère aîné et ses deux sœurs qui avaient reçu dans leur cœur la vérité qui sauve, éprouvaient la plus vive sollicitude au sujet de leur jeune frère ; ils craignaient les tentations auxquelles il serait exposé en quittant la maison paternelle pour entrer au collége. Au moment de son départ, le cri de leur âme était celui-ci : « Nous ne te laisserons point aller sans que tu aies été béni d'en haut ! » Leurs prières, leur zèle ne furent pas perdus ; le jeune Rowland sentit l'étendue de ses péchés, et il chercha le refuge que nous indique l'Evangile. Un changement radical et durable s'opéra en lui ; il se consacra à Christ sans partage, et depuis lors son plus grand bonheur fut d'annoncer aux hommes le salut qu'il avait trouvé si précieux pour son âme.

Cependant son père et sa mère furent peu satisfaits de cette transformation ; ils cherchèrent à le détourner de la bonne voie, et, pour arriver à ce but, les professeurs et les condisciples de Rowland leur prêtèrent la main. Le jeune homme eut donc à porter la croix de son Maître, et il se joignit au petit nombre de ceux qui, animés d'une même foi, en-

duraient les reproches et les opprobres pour l'amour
de Christ.

Mais l'énergie de Rowland Hill trouvait trop étroi-
tes les limites de l'université ; il avait besoin d'agir ,
et lorsque, dans ses promenades, il voyait la misère et l'ignorance des pauvres, il éprouvait un grand
désir de leur apporter le pain de vie. Du désir il
passa bientôt à l'exécution ; il fit, *selon son pou-*
voir, tout ce qu'il avait moyen de faire. Aussitôt , il
éprouva une vive opposition de la part de l'université, et encourut le sérieux déplaisir de son père.
Dans son embarras, il écrivit à Whitefield pour lui
demander conseil.

« Il y a environ trente-quatre ans, lui répondit
» Whitefield , que le directeur du collège de Pem-
» broke où j'étudiais, me fit des reproches sur ce
» que j'allais visiter les malades et les prisonniers.
» Mon premier mouvement fut de lui dire : « Mon-
» sieur , puisque vous désapprouvez ma conduite ,
» je n'irai plus... » Mais à l'instant même ma con-
» science me reprit vivement ; je me repentis de ma
» faiblesse et je continuai mes visites. Il l'apprit et
» commença par me menacer ; puis, craignant d'ê-

» tre regardé comme un persécuteur, il me laissa
» tranquille. Le cœur de tous les hommes est dans
» la main du Rédempteur. — C'est vous dire que je
» ne voudrais pas vous voir faiblir un seul instant.
» Plus la tempête est forte, moins longue sera sa du-
» rée. Consoler les malades, visiter les prisonniers,
» instruire les ignorants, voilà en quoi consiste la
» religion pure et sans tache. Si, parce que vous rem-
» plissez ces devoirs, on vous menace, on vous re-
» fuse vos grades, on vous chasse enfin, ce sera le
» plus beau présage de votre utilité future et la meil-
» leure manière de vous y préparer. J'ai été témoin
» des terribles conséquences qu'amènent les conces-
» sions et les *regards jetés en arrière*. Beaucoup de
» personnes ont été changées en statues de sel à cause
» de leur lâcheté et de leur crainte de la croix. Voici
» le moment, mon jeune ami, d'éprouver si la force
» de Jésus est vraiment en vous. Les consolations
» n'auraient pas ainsi abondé dans votre âme si l'op-
» position que vous rencontrez avait été moins forte.
» Satan, quelque aveugle qu'il soit, s'est aperçu,
» n'en doutez pas, qu'il se prépare une œuvre au-
» tour de vous. Nous n'avons jamais tant prospéré

» à Oxford, que lorsque nous étions hués, insultés
» dans les rues. Elle serait bien faible la citadelle
» que les disciples du diable renverseraient d'un
» souffle. J'ai la confiance que votre maison est
» mieux fondée ; n'est-elle pas, en effet, *bâtie sur*
» *le roc ?* et ce roc n'est-il pas notre bien-aimé Sau-
» veur ? C'est pourquoi, soyez-en certain, *les por-*
» *tes de l'enfer ne prévaudront point contre elle.*

» Allez donc en avant, cher ami. Dieu soit loué
» de ce que vous pouvez bénir, tandis que vos ad-
» versaires blasphèment. Que le Seigneur vous con-
» duise et vous soutienne ! soyez assuré que mes
» pauvres prières ne vous feront pas défaut.

» Tout à vous en Jésus. »

Cette lettre qui harmonisait si bien avec ses propres sentiments, encouragea et ranima Rowland
Hill, en sorte qu'il se mit à l'œuvre avec une nouvelle ardeur.

En 1768, de passage à Bath, il prêcha dans la
chapelle de lady Huntingdon, avec un talent qui
faisait déjà pressentir son éloquence si originale. Il
avait alors vingt-trois ans, et désirait être consacré ;
mais les évêques refusèrent de lui imposer les mains

à cause de la conduite qu'il avait tenue à Cambridge. Cette circonstance, de même que la désapprobation de son père, l'affligeaient et l'embarrassaient. Celui-ci avait espéré mettre un terme aux excursions missionnaires de son fils en le privant d'argent ; mais, quoique dans la gêne, Rowland continuait à aller de lieu en lieu, prêchant les richesses insondables de l'amour de Christ.

« Mettez votre temps à profit, lui disait Berridge, » tant que le Seigneur vous donne la force et la » santé. » — « J'apprends que Rowland Hill est chez » vous, écrivait-il à lady Huntingdon ; ce jeune » homme abandonne, à la lettre, père, mère, frè- » res, il renonce à tout pour l'amour de Jésus. Il a » déjà beaucoup travaillé pour la gloire de Dieu et » j'espère qu'il travaillera encore davantage. »

« Je crois, écrivait Berridge à Rowland lui-même, » je crois que pour le moment la tâche qui vous est » assignée est de défricher les terrains incultes ; » c'est à quoi vous êtes propre actuellement ; plus » tard, quand il plaira à Dieu, il vous donnera une » autre œuvre à faire et d'autres talents pour l'ac- » complir. Allez en avant, cher Rowland ; toutes

» les fois qu'il vous sera possible de pénétrer dans le
» territoire du diable, portez avec vous l'étendard
» du Rédempteur et la trompette de l'Evangile. Ne
» craignez personne que vous-même. Si, comme
» j'en ai la confiance, vos travaux sont couronnés
» de succès, attendez-vous aux clameurs et aux me-
» naces du monde, attendez-vous même à des con-
» tradictions de la part de quelques chrétiens; mais
» ces herbes amères sont très-efficaces pour empê-
» cher le cœur de s'enorgueillir. Que les saintes
» Ecritures soient votre unique étude; priez beau-
» coup. Les apôtres *vaquaient au ministère de la*
» *Parole et à la prière :* faites de même. Efforcez-
» vous d'occuper habituellement votre âme de pen-
» sées qui regardent le ciel ; votre tâche vous sera
» alors facile et votre conversation deviendra profi-
» table. C'est maintenant que vous devez travailler
» pour Jésus; vous avez pour vous la santé, la jeu-
» nesse, et vous n'êtes embarrassé ni d'une Eglise,
» ni d'une femme. Le monde vous est ouvert; Dieu
» vous dirige et vous garde. Ne craignez rien ! Jésus
» est avec vous. »

C'est ainsi que Whitefield et Berridge encoura-

geaient et fortifiaient Rowland Hill. Ils étaient l'un
et l'autre de vieux disciples du Maître, et avant de
quitter le champ de travail, ils cherchaient à communiquer à leur jeune ami cet esprit à la fois résolu et conciliant, ferme et charitable, qui avait
rendu leur parole solennelle et terrible comme celle
du législateur hébreu, douce et pénétrante comme
celle du disciple bien-aimé.

La prédication de l'Evangile avait été accompagnée de tant de fruits à Brighton et à Bath, que
lady Huntingdon voulut entreprendre une nouvelle
œuvre d'évangélisation dans une autre ville, fré-
quentée également par les malades et par ceux qui
cherchaient les distractions : nous voulons parler de
Tunbridge-Wells, dans le comté de Kent. Elle s'y
rendit d'abord avec Venn et Madan qui, ne trouvant pas de local convenable, prêchèrent en plein
air. Depuis ce moment, la Parole de Dieu y fut annoncée et porta des fruits abondants.

Par suite de ses fatigues et de ses soucis, lady
Huntingdon tomba gravement malade, pendant l'hiver suivant. Elle fut obligée de suspendre ses travaux personnels, mais les œuvres d'évangélisation

qu'elle soutenait ne s'arrêtèrent point pour cela.
Wesley, Romaine, Whitefield continuaient leurs
prédications dans la capitale : ce dernier, tout malade et affaibli qu'il était, travaillait avec ardeur ;
mais il était évident pour ceux qui le voyaient, que
les lieux si souvent réjouis par sa présence ne le re-
connaîtraient bientôt plus. Lui-même avait le pres-
sentiment de sa fin prochaine, et, dans la dernière
assemblée qu'il tint à Londres, il prononça une
prière d'adieu si solennelle qu'il semblait que ses
pieds touchassent déjà le Jourdain.

Après sa guérison, la comtesse se rendit à Bath
avec Venn. C'est pendant son séjour auprès d'elle,
que celui-ci écrivait : « J'ai le privilége , en
» ce moment, de pouvoir contempler de près une
» âme enflammée d'amour pour son Sauveur. Je
» vois dans la comtesse une des plus brillantes étoi-
» les de l'Eglise. Dieu soit béni d'accorder un salut
» gratuit à tous ceux qui viennent à Christ ! S'il
» n'en était pas ainsi, lorsque je compare ma vie à
» la sienne, je pourrais à peine croire que le même
» ciel nous renfermera l'un et l'autre. Combien les
» œuvres de foi et de charité de cette chrétienne

» dévouée prêchent hautement Jésus-Christ ! Elle
» a renoncé à toutes les jouissances du luxe afin de
» pouvoir consacrer la plus grande partie de sa
» fortune à faire annoncer la bonne nouvelle aux
» pécheurs qui périssent. Ses prières sont exau-
» cées, car dans la classe pauvre beaucoup d'âmes
» sont amenées à Christ. Son exemple me fait vi-
» vement souhaiter que mes amis et moi nous
» croissions en zèle et en ferveur. En général, nous
» sommes trop prompts à nous reposer lorsque nous
» possédons nous-mêmes la vie, tandis que nous
» devrions chaque jour faire quelque chose pour le
» Seigneur, soit par nos prières, soit par nos
» exhortations, notre exemple ou notre charité. C'est
» ainsi que notre lumière luirait devant les hommes
» et que nous glorifierions le Seigneur. — Dans cette
» visite, j'ai joui de la conversation et de la société
» de plusieurs enfants de Dieu, tous participants
» d'une même vie et d'un même esprit, et néan-
» moins ayant chacun son individualité bien càrac-
» térisée. L'un me stimulait par son zèle ardent
» pour la gloire de Dieu et pour le salut des âmes ;
» un autre semblait répandre autour de lui l'in-

» fluence de son esprit doux et paisible ; un troi-
» sième par la ferveur de son amour et sa bonté
» fraternelle m'excitait à la charité et aux bonnes
» œuvres ; chez un autre je voyais une humilité,
» un esprit contrit et brisé, qui me forçait à re-
» connaître l'orgueil de mon propre cœur. — Dans
» Celui-là seul qui est notre chef nous trouvons réu-
» nies dans leur plénitude et dans leur perfection
» toutes les grâces et toutes les vertus chrétien-
» nes. »

Whitefield se rendit avec lady Huntingdon à Tun-
bridge Wells pour la dédicace de la chapelle qu'elle
y avait fait construire. Il prêcha en plein air, à cause
de la foule immense qui s'était réunie pour assister
à la solennité. Ce sermon fut un des plus éloquents
qu'il eût jamais prononcés. Sa voix était forte et vi-
brante ; il s'oubliait complètement lui-même, et
s'absorbait tellement dans son sujet, qu'il semblait
en quelque sorte rendre visibles les vérités dont il
parlait et les signaler à son auditoire en les mon-
trant de la main.

« Que vois-je, s'écriait-il tout-à-coup ; regardez !
Qu'ai-je aperçu ! Mon Sauveur à l'agonie !... Si-

lence, silence ! Entendez-vous ? Terre, terre, prête
l'oreille à la voix de ton Maître ! »

L'auditoire frémissait à ces paroles ; tous les yeux
étaient attachés sur lui, les consciences étaient trans-
percées. Quoique infirme et asthmatique, Whitefield n'avait rien perdu de son influence sur les
masses ; sa jeunesse, sa santé avaient disparu ; les
prédications en plein air n'étaient plus une nou-
veauté, comme trente ans auparavant ; les sujets
qu'il traitait étaient les mêmes ; son génie n'était
pas plus vaste, ses conceptions pas plus riches ; —
et cependant, il était toujours le Whitefield d'autrefois, toujours suivi par une foule immense qui
tremblait à sa parole. La popularité constante de
cet homme véritablement merveilleux est, sans contredit, un des traits les plus remarquables de son
histoire, surtout lorsqu'on se rappelle qu'il ne fonda
aucune Eglise à part, aucune nouvelle école théolo-
gique. Il n'était soutenu par aucun parti ; sa puissance était évidemment personnelle.

Il serait peut-être assez embarrassant de définir
ce qu'était cette puissance ; mais ce que nous savons d'une manière positive, c'est d'où elle prove-

naît. Ses brillantes facultés, son intelligence, son énergie, sa sensibilité, tout se concentrait sur un objet unique : le Sauveur crucifié et ressuscité. Et ce Sauveur au service duquel il était heureux de se dévouer lui accorda l'honneur insigne de le choisir pour être l'instrument d'un des plus grands réveils qui aient jamais eu lieu dans l'Eglise.

CHAPITRE XIV.

Luttes.

Lady Huntingdon jeûna et pria le 1er janvier 1770, et se consacra de nouveau au service de Dieu.

« Je viens d'entendre, écrit-elle dans son journal, un sermon très-pratique de Romaine sur ce texte : *Tu mourras cette année* (Jér., XXVIII, 16). Si le Seigneur trouve bon de me rappeler à lui dans l'année qui commence, oh ! puisse mon âme indigne être comptée parmi les rachetés qui entourent son trône ! J'ai joui dans ces derniers temps d'une communion intime avec le Père et avec le Fils, et le Saint-Esprit a souvent rendu témoignage à mon esprit que je suis enfant de Dieu, ce qui m'a procuré une joie impossible à décrire. »

Tels sont les priviléges du chrétien. Ils consolent et réjouissent l'âme accablée par les déceptions et par les soucis qui doivent nous assaillir dans notre pèlerinage terrestre. Plus qu'un autre, lady Huntingdon avait sa part de ses tristesses ; car à mesure que notre sphère s'élargit, nos préoccupations doivent nécessairement se multiplier. L'enfant de Dieu le plus zélé doit s'attendre à voir parfois ses plus belles perspectives se voiler de nuages, ses meilleures espérances se flétrir avant d'éclore et la sécheresse rendre stériles tous ses travaux. C'est ce qui arriva à la pieuse comtesse ; elle avait écrit à Berridge dans un temps de découragement, où la moisson semblait arrêtée, et elle reçut de lui la réponse suivante :

« Vous vous plaignez, madame, de ce que toute » œuvre, après un certain temps, devient une » œuvre morte. Mais n'en a-t-il pas toujours été » ainsi ? Les Actes et les Epîtres ne nous montrent-

» ils pas que les Eglises primitives ressemblaient à
» celles de notre temps? Dans le principe, les fidè-
» les n'avaient qu'un cœur et qu'une âme ; ils met-
» taient toutes choses en commun (1) ; mais lisez
» un peu plus loin, et vous verrez se glisser parmi
» eux de la partialité dans la distribution des au-
» mônes, des querelles incessantes au sujet de la
» circoncision, des sectes et des partis qui mettaient
» tel ou tel disciple sur le même rang que leur
» Maître. Les Eglises des Gentils agissaient comme
» celles des Israélites. Les Corinthiens se divisèrent
» à l'occasion de leurs conducteurs, et tombèrent
» dans toutes sortes d'erreurs sur la résurrection.
» Les Galates commencèrent par bien accueillir
» Paul et changèrent ensuite de disposition à son
» égard. Les Ephésiens étaient agités par tout vent
» de doctrine. Les Colossiens obéissaient à leur
» sens charnel, et quelques membres de l'Eglise de
» Thessalonique, au lieu de s'occuper utilement,
» allaient de lieu en lieu recueillant des nouvelles.
» Saint Paul travailla activement en Asie, y fonda

(1) Actes, II, 44-47.

» plusieurs Eglises, et cependant ne dit-il pas lui-
» même : *Tous ceux qui sont d'Asie m'ont aban-*
» *donné* (1) ? — L'Ecriture nous parle de deux
» *pluies* très-distinctes : celle *de la première et de la*
» *dernière saison ;* entre ces deux pluies, il y a de
» la sècheresse et de la stérilité. La première
» tombe après que la semence a été mise en terre,
» et c'est alors qu'une manne abondante descend
» du ciel, que beaucoup de miel découle du ro-
» cher, et que de nombreux chants d'allégresse
» s'élèvent vers Jésus. Ensuite il vient un temps où
» ceux qui ressemblent à des terrains pierreux et
» épineux prennent définitivement congé de Jésus,
» et c'est à peine si l'on peut discerner la bonne
» terre, tant il y a de mauvaises herbes. Mais enfin
» le Seigneur se lève, dans une juste indignation,
» pour châtier son peuple. Il lui envoie des épreu-
» ves jusqu'à ce qu'il soit humilié, qu'il sente toute
» l'étendue de ses fautes, et qu'il soupire après la
» délivrance. C'est alors que descend *la pluie de*
» *l'arrière-saison,* qui vivifie, affermit et fait croî-

(1) 2 Tim., I, 15.

» tre les fidèles en grâce et en humilité devant le
» Seigneur. »

. Quelle est l'Eglise qui n'ait pas éprouvé cette sécheresse, ces moments de langueur où *les vignes sont
sans fruit* et où *les figuiers ont manqué* (1), faute d'eau ?
Il doit en être ainsi, car les lois du monde physique
sont des types et des ombres du monde spirituel.
Et bien que *nous ne voyions encore que confusément
et comme dans un miroir*, nous pouvons aisément
ici-même reconnaître la sagesse infinie qui dirige
toutes choses : pendant ces jours d'alanguissement,
en effet, ceux qui n'ont point de racines se flétris-
sent et meurent à la vie spirituelle, tandis que l'arbre vigoureux qui résiste à la chaleur, et la fleur
délicate qui courbe patiemment la tête, en attendant la pluie, seront conservés l'un et l'autre pour
le jardin du Seigneur. Bienheureux sont ceux qui
persévèrent jusqu'à la fin.

Ce fut au mois d'août de cette même année 1770,
que les Eglises de Wesley tinrent à Londres leur
vingt-septième conférence, qui donna lieu à une

(1) Joël, I, 12.

controverse animée. Une confession de foi fut rédigée, à cette occasion, par Wesley; la comtesse et ses amis s'en alarmèrent; ils y virent la condamnation d'une doctrine admise par Whitefield et ses adhérents, et il en résulta un conflit dans lequel la charité chrétienne eut à souffrir quelques atteintes. Lady Huntingdon et ses amis convoquèrent alors à Bristol une assemblée du clergé de toutes les dénominations; un esprit vraiment évangélique présida à ces conférences pastorales, et après quelques éclaircissements, on se fit des concessions réciproques. Wesley fit une exposition publique de ses vues, qui contenta tous les esprits droits, en sorte que la paix eût été rétablie, si un article, rédigé par Fletcher, sur la demande antérieure de Wesley, et défendant vivement les doctrines attaquées, n'avait paru en ce moment. Lorsque Fletcher apprit le résultat de la conférence de Bristol, il aurait bien voulu supprimer cet article, mais il n'était plus temps, et la lutte recommença.

Parmi les écrivains distingués qui prirent part à cette polémique, nous citerons d'un côté, sir Richard Hill, le révérend Augustus Toplady et Ber-

ridge; de l'autre, Fletcher, Sellon et Oliviers. Wesley ne prit plus aucune part à la discussion.
M. Thornton opposa ses paroles de conciliation et
de paix à l'irritation des partis. Quant à Berridge,
nous regrettons qu'il se soit trop souvent laissé aller
à déployer son esprit plaisant et satirique ; pour
l'honneur de sa vocation, nous ne pouvons nous empêcher de désirer qu'un frein eût été mis à sa bouche ; toutefois, il est fort à craindre que nous n'eussions ri avec lui de ses bons mots, au lieu de lui
donner une noble preuve de notre amour et de notre fidélité chrétienne, comme le fit Thornton par la
lettre suivante :

« Dans quelques-uns de nos entretiens, je n'ai pu
» m'empêcher de rire avec vous, mon cher mon-
» sieur, quoique j'en éprouvasse du regret intérieu-
» rement. Vos réparties me réduisaient au silence,
» mais ne me satisfaisaient pas. Vous et moi nous
» sommes naturellement portés à la gaîté ; la seule
» différence entre nous, c'est que je voudrais lutter
» contre cette disposition, tandis que vous, au
» contraire, vous paraissez vous y complaire. Je
» combats contre ce penchant, parce que je crois

» qu'un esprit burlesque est aussi dangereux qu'une
» humeur chagrine : l'un et l'autre sont agréa-
» bles, j'en suis convaincu, au grand ennemi de nos
» âmes.

» Il m'a été impossible de ne pas rire de votre
» plaisante allégorie, que j'ai lue l'autre jour ; je ne
» pouvais même qu'approuver le bon sens qui se
» cachait sous cette forme légère ; cependant une
» pensée pénible a traversé mon esprit. Un tel
» langage s'accorde-t-il avec l'idée qu'on aime à
» se faire d'un père en Israël? me demandais-je.
» Sous la plume d'un journaliste, la plaisanterie
» n'eût pas été déplacée ; mais n'était-elle pas en
» désaccord avec cette dignité qui devrait se trou-
» ver dans tout ce qu'écrit un pasteur chrétien?
» Ce que l'Apôtre dit dans un autre sens peut
» trouver ici son application : *Quand j'étais enfant*
» *je parlais comme un enfant, je jugeais comme un*
» *enfant, je pensais comme un enfant; mais lorsque*
» *je suis devenu homme, j'ai quitté ce qui tenait à*
» *l'enfant* (1). — J'ai dernièrement été frappé par

(1) 1 Cor., XIII, 11.

» cette demande dans une de vos prières : *Que*
» *Dieu nous donne du pain frais et non du pain*
» *rassis.* J'ignore si cela tient à ce que je suis trop
» peu habitué à de telles expressions, mais je vous
» avoue que ces mots m'ont choqué; ils sont plus
» propres, me semble-t-il, à fixer l'attention sur
» l'homme que sur Dieu. Peut-être me direz-vous que
» le peuple a besoin de telles images, qu'elles capti-
» vent son attention, et lui servent de sujet d'entre-
» tien, car on se rappelle plus aisément une phrase
» quand elle sort de l'ordinaire. Cela peut être vrai
» dans quelques cas; mais je crains fort qu'en général
» le seul effet que produisent ces expressions hasar-
» dées ne soit de faire rire : personne n'est édifié,
» et beaucoup sont scandalisés. Quelques pasteurs se
» jettent dans un autre extrême; ils pensent qu'ils
» doivent prendre un ton imposant pour captiver
» l'auditoire; cette idée me paraît aussi fausse que
» la première. La vérité ne demande ni à être em-
» bellie, ni à être dégradée; nous ne devons y rien
» ajouter, ni en rien retrancher, nous rappelant
» que toute sa puissance vient de Dieu.

» Mon cher ami, on pourrait tolérer quelques ex-

» centricités de la part d'un vieillard, si on était sûr
» qu'elles s'arrêtassent avec lui; mais malheureuse-
» ment on est sûr du contraire, et vous savez
» comme moi que déjà bien des jeunes pasteurs,
» s'autorisant de votre exemple, se permettent en
» chaire les mêmes écarts que vous. L'esprit, lors-
» qu'il est employé hors de place, est toujours dan-
» gereux; mais il l'est surtout dans les choses reli-
» gieuses; les auditeurs les mieux disposés eux-mêmes
» retiendront plutôt un mot plaisant ou spirituel
» que la plus sérieuse exhortation; à plus forte rai-
» son les personnes incrédules, qui rejetteront
» le blâme sur la religion. Je ne me rappelle
» qu'un seul passage railleur dans toute la Bible :
» c'est le discours d'Elie aux prêtres de Baal (1); et
» quand on considère attentivement l'état des cho-
» ses, on voit que rien n'aurait pu mieux démon-
» trer au peuple l'absurdité de leur culte. Les pro-
» phètes ont souvent, il est vrai, employé la satire
» ou l'ironie, mais ils ne se sont jamais servis d'un
» langage burlesque. Notre Seigneur Jésus-Christ et

(1) 1 Rois, XVIII, 27,

» ses apôtres ne l'ont pas fait davantage ; les extraits
» de leurs discours et de leurs conversations qui se
» trouvent consignés dans l'Écriture sont toujours
» graves, dignes, sérieux, et les pasteurs devraient,
» ce me semble, les prendre pour modèles de leurs
» prédications comme de leurs écrits.

» Je n'oserais affirmer que ce soit un péché de
» donner un libre essor au tour naturel de son es-
» prit, mais puisque la plaisanterie et la bouffon-
» nerie sont en faveur dans les théâtres et autres
» lieux de divertissements mondains, ne puis-je pas
» conclure que ces choses tiennent plus du vieil
» homme que de l'homme nouveau ?

» Je me souviens vous avoir entendu dire, un
» jour, que vous êtes né, avec un bonnet de fou :
» si tel est le cas, cher monsieur, n'est-il pas bien
» temps de le quitter ? Cette coiffure peut convenir
» à l'homme naturel, mais elle ne sied pas à celui
» qui est né de nouveau, encore moins, permettez-
» moi de vous le dire, à un pasteur chrétien. Je ne
» citerai point de passages de l'Écriture à l'appui de
» mes recommandations ; vous les connaissez mieux
» que moi ; et il me semble que ces passages de-

» vraient retenir toute parole oiseuse sur nos lèvres.
» Si Dieu vous donne de voir la chose comme moi,
» j'espère que vous veillerez davantage sur vous-
» même à l'avenir; mais, dans tous les cas, j'ai la
» confiance que l'amitié qui existe entre nous ne sera
» point altérée par les conseils que je vous offre. Je
» prie ardemment le Seigneur de nous rendre tous
» deux participants de cette sagesse divine qui en-
» seigne à se maîtriser soi-même, et que nous rap-
» portions à Dieu seul l'honneur, la louange et la
» gloire de toutes les victoires qu'il nous donnera
» de remporter.

» Je demeure, mon cher monsieur, votre affec-
» tionné,

» JOHN THORNTON. »

A cette lettre, Berridge répondit ce qui suit :

« MON CHER MONSIEUR,

» Vous le savez, les bons mots me sont aussi
» naturels que le croassement l'est au corbeau.
» Oui, je suis né avec un bonnet de fou. Vous
» me dites, il est vrai : « Pourquoi ne l'enlevez-

» vous pas ? Il convient au premier Adam, mais
» non pas au second. » — Voici ma réponse : Un
» bonnet de fou ne s'enlève pas aussi aisément
» qu'un bonnet de nuit. Celui-ci n'est que lié à la
» tête, tandis que l'autre s'attache au cœur. Et pour
» s'en débarrasser, il faut non-seulement beaucoup
» de prières, mais aussi beaucoup d'épreuves. Nos
» défauts naturels laissent toujours quelque trace
» après eux : ils sont semblables à ces essences for-
» tes dont l'odeur persiste toujours dans le vase qui
» les a contenues. Mes dernières épreuves ont brûlé
» le dehors de ce bonnet, mais, hélas ! la doublure
» en reste encore attachée à ma tête, et, je dois
» l'avouer à ma honte, cela vient de ce que je ne
» m'approche pas plus souvent de Dieu, de ce que
» je ne vis pas en communion assez intime avec lui.
» Lorsque je me tiens près du trône de grâce, oh !
» alors cette disposition disparaît, ou tout au moins,
» elle est tempérée de façon qu'elle n'est plus cou-
» pable. Lorsque quelque parole excentrique m'é-
» chappe, écoutez comment mon Maître me traite ;
» il me frappe au cœur presque à m'étourdir. J'ai
» justement reçu une pareille réprimande lorsque

» dans ma prière j'ai prononcé les mots qui vous
» ont blessé ; mais le trait était décoché ; il était
» trop tard pour l'arrêter. Ainsi, j'avais reçu un
» avertissement d'en haut avant de recevoir le vôtre,
» ce qui ne m'empêche pas de vous remercier bien
» sincèrement de vos avis fraternels.

» Que le Seigneur vous bénisse, vous et votre fa-
» mille, et qu'il bénisse aussi votre affectueux ser-
» viteur,

» JOHN BERRIDGE. »

CHAPITRE XV.

Mort de Whitefield.

Whitefield, quoique malade et infirme, éprouvait un vif désir de visiter encore une fois l'Amérique. Il avait passé quatre ans en Angleterre, et son cœur soupirait après « sa chère famille au-delà des mers, » comme il appelait la maison d'orphelins qu'il avait fondée. « En outre, disait-il, la vie de pèlerin est celle qui me convient le mieux sur cette terre ; j'aurai assez de temps pour me reposer dans le ciel. » Il se décida donc à partir.

Mais à mesure que le moment de quitter sa patrie approchait, il se sentait ému et solennisé. Le jour même de son départ de Londres, il prêcha au Tabernacle, à sept heures du matin. Comme on peut le penser, ses nombreux amis ne furent point arrêtés par l'obscurité de cette brumeuse matinée; ils arrivèrent en foule.

« Vous êtes venus, leur dit le grand prédicateur, vous êtes venus pour entendre les derniers adieux d'un humble frère; mais je vous prie d'oublier et lui et son discours. Je désire vous conduire bien au-delà du Tabernacle, — au Calvaire, — afin de vous montrer à quel prix Jésus-Christ nous a rachetés. » Alors, avec une ferveur toute apostolique, il supplia une dernière fois ses auditeurs de ne point négliger leurs intérêts éternels. Bien des cœurs furent émus, bien des yeux se mouillèrent de larmes, et surtout bien des bénédictions s'élevèrent du milieu de cette immense assemblée vers celui qui lui avait si fidèlement annoncé le message d'amour.

Un grand nombre de ses amis accompagnèrent Whitefield à Gravesend, où il s'embarqua. C'était en septembre 1769. Après une longue traversée, il arriva en Amérique et se rendit à l'établissement d'or-

phelins de Béthesda. Depuis trente ans cette maison
était l'objet de sa tendresse paternelle et de ses plus
vives affections. Elle avait toujours été un sujet de
sollicitude pour son fondateur, mais à cette époque
elle jouissait d'une grande prospérité.

A peine le retour de Whitefield en Amérique fut-
il connu, que les invitations les plus pressantes lui
furent adressées de toutes parts. Au printemps, il
alla à Philadelphie, où les temples et les cœurs
s'ouvrirent à lui plus que jamais. De là, il partit
pour New-York, puis remonta l'Hudson et le Mo-
hawk, alla annoncer l'Evangile aux Onéidas, visita
Northampton et Boston où il arriva malade, mais
joyeux comme toujours et formant le projet d'un
voyage dans l'est.

Il n'avait rien perdu de son ancienne éloquence ;
de tous côtés on accourait pour l'entendre ; les âmes
étaient touchées, les consciences troublées, et, en
dépit des efforts de ses adversaires, son voyage ressemblait à une marche triomphale. Malgré ses fatigues et son épuisement, son énergie n'avait point
faibli non plus ; elle conservait toute sa vigueur, et
s'il était un jour contraint de s'arrêter pour repren-

dre des forces, le lendemain il semblait animé d'un
élan nouveau. « Une large porte est ouverte ici à
» la prédication de l'Evangile, écrivait-il dans sa der-
» nière lettre. J'étais si malade vendredi, que je ne
» pus prêcher, quoique attendu par des milliers de
» personnes. Il est probable que le moment de mon
» départ approche, mais je puis encore travailler et
» j'ai la confiance que mon Maître acceptera jusqu'à
» la fin mes faibles efforts pour le servir. Qu'il dai-
» gne m'accorder d'être ferme dans la foi ! Oui,
» puissions-nous tous être fermes dans la foi et nous
» comporter vaillamment. »

: Par une belle journée de septembre, Whitefield
se rendit à cheval dans une ville où il était attendu.
Il devait prêcher en plein air à un nombreux auditoire. Avant le service, quelqu'un lui ayant dit qu'il
serait mieux à sa place dans son lit qu'en chaire :
— « C'est vrai, monsieur, » répondit le serviteur
de Dieu, presque mourant déjà ; ensuite, joignant
les mains, il ajouta avec ferveur : — « Seigneur Jésus,
je me suis fatigué *dans* ton service, mais non pas
de ton service ! Je n'ai point achevé ma course ; dai-
gne me permettre d'annoncer une fois encore ta Pa-

role à ce peuple, de rendre témoignage une fois encore à la vérité.... puis de revenir chez moi pour y
mourir en paix. »

Cette prière semble véritablement avoir été pro-
phétique. Bientôt après, en effet, la voix harmo-
nieuse et puissante du grand prédicateur faisait retentir les forêts, et l'auditoire était attentif à ses
paroles comme s'il eût entendu un ange. — Ensuite
il revint à Newburyport ; mais la nuit le surprit
en route, et il fut saisi de frissons mortels. Le lendemain, comme le dimanche commençait à poindre,
Whitefield quittait la terre pour le repos éternel des
cieux.

Sa mort fut soudaine et inattendue. On le savait
bien malade , mais son activité incessante faisait oublier son état, en sorte que la triste nouvelle fut
reçue avec autant de surprise que de douleur. C'était
le 30 septembre 1770.

Tous les chrétiens menèrent deuil sur cet éminent
serviteur de Dieu. Plusieurs personnes réclamèrent
le privilège de le faire ensevelir dans le tombeau de
leur famille ; mais, suivant son désir, on déposa sa
dépouille mortelle devant la chaire dans l'église de

Newburyport, où un monument a été élevé à sa mémoire. Les funérailles furent aussi solennelles que touchantes ; un grand nombre de ses enfants dans la foi s'étaient réunis pour pleurer sur sa tombe. Au moment où l'on descendit le cercueil dans le caveau, le révérend Daniel Rogers prononça une fervente prière : — « O mon père, mon père ! » s'écria-t-il enfin, et surmonté par l'émotion, il fondit en larmes, tandis que des soupirs, des sanglots, des gémissements retentissaient de toutes parts dans l'Eglise.

La nouvelle de la mort de Whitefield arriva à Londres le 5 novembre. — « Whitefield est le prince des prédicateurs anglais, dit un critique ; beaucoup l'ont surpassé dans l'art de composer des sermons, mais aucun ne peut lui être comparé comme orateur. Plusieurs l'ont éclipsé par la clarté de leur logique, l'étendue de leurs conceptions, l'élégance de leurs périodes, mais il les efface tous par la puissance qu'il possédait pour transpercer la conscience. Mais quoiqu'il fût *orateur* dans toute la force du mot, il ne voulait être qu'évangéliste. La gloire de Dieu, la bonne volonté envers les hommes semblaient

l'absorber tout entier. Il n'avait ni Eglise à fonder,
ni famille à pourvoir ; il ne songeait point à illustrer
son nom ; n'aspirant qu'à être un fidèle ambassadeur
de Dieu, il s'était pénétré de l'esprit miséricordieux
et vivifiant de l'Evangile, en sorte qu'il était devenu
lui-même, pour ainsi dire, un Evangile vivant.

» Le message de grâce, la tendre compassion du
Seigneur le faisaient toujours tressaillir d'amour et
de joie, et bientôt une sympathie intime s'établissait
entre son auditoire et lui : il semblait posséder le
secret de communiquer ses propres impressions aux
âmes qui l'entendaient. Avant de se mettre à l'œuvre, il se plaçait en communion avec son Maître ;
aussi possédait-il la force que donne la prière exau-
cée. L'élévation de ses vues, la dignité de son maintien paralysaient ses adversaires, et son admirable
sang-froid, son empire sur lui-même le rendait plus
sublime encore quand il était en butte aux menaces
ou à la fureur de ses ennemis.

» S'il nous est impossible d'arriver à une juste ap-
préciation des résultats de son ministère, nous pouvons du moins nous en faire une idée quand nous
réfléchissons que sa voix était entendue de vingt

mille personnes à la fois, que voyageant dans toutes les parties de l'Angleterre, il prêchait jusqu'à trois fois dans un jour, enfin, qu'il a reçu dans une semaine mille lettres de personnes réveillées par ses sermons. »

Nous venons de suivre Whitefield dans ses triomphes ; nous avons entendu la voix de ceux qui l'aimaient, et le souvenir de son éloquence nous émeut encore ; mais hélas ! notre fidélité d'historien nous oblige à dire qu'il avait des antagonistes nombreux et acharnés. Cowper, dans le beau poème qu'il a composé à sa mémoire, nous apprend que l'illustre prédicateur était assailli par les persécutions du monde et répondait aux calomnies par sa conduite exemplaire, par son inaltérable douceur envers tous ses ennemis. Il le compare à saint Paul, auquel il ressemblait, en effet, par son zèle ardent et par sa charité apostolique.

Whitefield mourut à l'âge de cinquante-six ans. Il s'était marié en 1741 ; mais ses voyages et ses travaux l'avaient privé de jouir longtemps de la vie de famille. Son fils unique lui fut enlevé encore enfant, et sa femme mourut deux ans avant lui.

Par son testament, il légua l'asile d'orphelins de
Béthesda et toutes ses dépendances « à la dame
élue, cette mère en Israël, ce miroir d'une religion
pure et sans tache, la comtesse douairière de Huntingdon. »

Il laissa aussi un souvenir à Wesley comme témoignage de l'affection chrétienne qui existait entre
eux, malgré les divergences d'opinions qui les
avaient éloignés l'un de l'autre.

Lady Huntingdon, en acceptant cet héritage, as-
sumait sur elle une charge immense de fatigue et
d'anxiété. Elle ne se le dissimulait point, et cela, joint
à la douleur que lui causa la mort de Whitefield,
la plongea dans un grand abattement. Elle fixa un
jour d'humiliation qui devait être consacré dans toutes
ses chapelles à demander au Chef de l'Eglise de répandre une plus abondante effusion de son Saint-
Esprit sur les pasteurs et sur leurs troupeaux, et de
lui accorder, à elle-même, de se reposer avec une
foi plus simple sur le Seigneur dans lequel seul ré-
side toute force et tout secours.

Avec son énergie habituelle, elle prit ensuite
toutes ses mesures pour l'administration de la mai-

11

son d'orphelins. Elle forma aussi le projet d'établir dans l'Amérique du Nord une mission, dont Béthesda serait le centre. Une nombreuse assemblée se réunit à Trevecca pour délibérer à cet effet ; lorsqu'on demanda des missionnaires de bonne volonté pour annoncer l'Evangile dans le Nouveau-Monde, beaucoup d'assistants s'écrièrent : « Me voici, envoyez-moi. » Ceux que l'on choisit furent consacrés et partirent immédiatement pour l'Amérique. A leur arrivée, les amis de Whitefield les accueillirent avec joie, et toutes les circonstances semblaient propres à favoriser leurs travaux.

Lady Huntingdon écrivait :

« Le Seigneur prépare une grande œuvre parmi
» les païens ; un chemin semble nous être ouvert
» chez la tribu des Cheratree. Je voudrais pouvoir
» aller moi-même en Amérique : j'espère que le
» Seigneur m'y appellera. »

Mais au moment où cette entreprise paraissait en pleine voie de prospérité, la nouvelle arriva en Angleterre que l'asile de Béthesda avait été complètement détruit par un incendie. Cet évènement causa les plus vifs regrets à celle qui dirigeait l'œuvre ; toutefois, malgré sa douleur, elle s'exprime ainsi : « Nous pouvons être affligés, mais, quoi qu'il en soit, le Seigneur sera glorifié; toutes choses sont dirigées par sa volonté, aussi ne voudrais-je pas qu'il en fût autrement. »

A vues humaines, les autres entreprises de lady Huntingdon échouèrent également dans la Géorgie : elle dépensa beaucoup et n'eut que de faibles résultats. La révolution acheva de détruire tous ses plans; les armées anglaise et américaine causèrent de grands dégâts aux établissements missionnaires, et finalement les terres furent saisies par l'État. Ainsi s'éteignit une œuvre qui avait donné de si belles espérances.

Ce n'est pas d'après le succès apparent de leurs travaux que l'on peut juger du bien qu'ont accompli les serviteurs de Dieu. Leur affaire, à eux, c'est de travailler à l'avancement du règne de Dieu, et l'on ne saura jamais, de ce côté-ci de la tombe, combien d'âmes ont été mûries pour l'éternité par leur moyen. Peut-être n'ont-ils pas réussi dans le but qu'ils se proposaient; peut-être, aux yeux du monde, n'ont-ils éprouvé que des revers; mais au point de vue chrétien, tout change d'aspect. A ce point de vue, en effet, nous reconnaissons que l'œuvre de chacun de nous est de faire la volonté de Dieu sans nous préoccuper des résultats, et que ce ne sont point les succès obtenus qui constituent la véritable preuve d'une vie bien employée, mais plutôt le désir humble et sincère de glorifier Dieu en toute occasion.

Sans doute, nous devons nous réjouir et rendre grâces lorsque le Seigneur nous accorde de faire beaucoup pour lui ; mais nous ne devons point être découragés s'il trouve bon de s'opposer à nos desseins. Il sait, lui, le médecin par excellence, quel est le traitement qui nous est nécessaire afin de nous préparer pour le ciel. Tel pauvre malade dont le cœur se repose avec amour et confiance sur son Sauveur, peut mener une vie bien plus utile que celui dont les œuvres retentissent dans le monde.

CHAPITRE XVI.

Venn avait passé douze ans à Huddersfield, et
son ministère avait été béni pour sa paroisse et pour
les villages voisins. Les travaux de cet excellent
homme avaient partout été couronnés de succès et
il n'est pas sans intérêt de savoir comment il exerçait une si puissante influence sur la conscience et
les affections de ses auditeurs. Au moment où son
fils John entra dans le ministère, il lui donna les
avis suivants : « Regardez vos paroissiens comme
» des prisonniers sous le poids d'une terrible con-

» damnation. Faites tous vos efforts pour les sous-
» traire à cette condamnation et soyez pour eux ce
» qu'est une tendre mère pour ses enfants. Pleurez
» sur votre cœur insensible aussi bien que sur celui
» des autres ; demandez au Seigneur de vous faire
» désirer ardemment le salut des âmes qui vous
» sont confiées. Surtout, sentez profondément votre
» incapacité, car c'est là une condition indispensable
» pour vous faire parler avec conviction de votre
» pauvreté et de votre ignorance, pour vous en-
» seigner à vous adresser convénablement à l'âme
» fatiguée ou assaillie par la tentation, pour vous
» amener à vous reposer sur Christ et à trouver en
» lui le salut, la force, la consolation, l'activité qui
» vous sont nécessaires, pour vous engager enfin à
» travailler avec ardeur et à vous consacrer entiè-
» rement à l'œuvre de votre Maître. »

Ces divers sentiments que Venn recommandait à
son fils, nous ne pouvons douter qu'il ne les eût éprou-
vés lui-même, et c'est de là que procédaient ces œuvres d'amour dont sa vie fut si abondamment ornée.

Voyons maintenant ce que ses paroissiens disaient
de leur pasteur. « Il y avait tous les samedis, ra-

conte un de ses auditeurs assidus, une réunion d'une vingtaine de personnes les plus pieuses de la paroisse, qui chantaient et priaient ensemble. Un jour, un de mes oncles et moi nous écoutions à la porte, et nous fûmes si frappés de la ferveur de ceux qui parlaient, que nous résolûmes d'aller au temple le jeudi suivant. La foule était nombreuse et un profond silence régnait dans l'assemblée; plusieurs personnes pleuraient. Le pasteur avait pris pour texte : « *Tu as été pesé dans la balance, et tu as été trouvé léger* (1). » En sortant, nous ne prononçâmes pas une parole, jusqu'au moment où, arrivé dans les champs, mon oncle s'écria en fondant en larmes : « Je ne puis supporter cet état plus longtemps. » Dès-lors, il fut convaincu de sa misère naturelle; son cœur fut renouvelé et sa conduite devint exemplaire. De mon côté, j'avais été vivement impressionné par le sermon que je venais d'entendre; ma conscience n'était plus tranquille lorsque je péchais ; je commençai à prier avec ardeur, et bientôt après je trouvai le salut.

(1) Dan., V, 27.

« On venait à Huddersfield des villages environ-
nants et on se réunissait par groupes pour repasser
les choses que l'on avait entendues. Oh ! c'était véritablement le ciel sur la terre ! Il n'y a jamais eu de
pasteur comme le nôtre ; lorsqu'il dénonçait les menaces du Sinaï, sa parole puissante, son regard sé-
vère faisaient trembler ; et lorsqu'il parlait des of-
fres de grâce, il pressait, il suppliait ses auditeurs
avec tant d'ardeur et d'onction, que ses yeux finis-
saient toujours par se remplir de larmes. Les hommes les plus pervers allaient l'entendre et leur cœur
était brisé et attendri. »

« Toujours à l'œuvre, il avait recours à toutes sortes de moyens pour instruire le peuple, ajoute un
autre membre de l'Eglise d'Huddersfield. Les jeunes
gens dont il s'occupait, lui ayant raconté un jour
qu'on l'accusait de prêcher une nouvelle doctrine et
de les induire en erreur, il leur répondit : « Ne vous
inquiétez pas ; lisez votre Bible, allez en avant, et
vous ne pouvez manquer d'arriver au ciel. »

Les fruits de son ministère se voyaient de toutes
parts. Les pécheurs étaient ramenés de leur égare-
ment, les enfants élevés dans la crainte du Seigneur,

la piété ranimée, des âmes en grand nombre ajou-
tées au peuple de Dieu, les moyens d'édification mul-
tipliés; en sorte que l'Eglise répandait au-dehors une
influence bénie.

Venn avait cinquante ans, et il était, semblait-il,
au plus haut point de son talent et de son utilité,
lorsqu'il fut atteint d'une consomption lente qui mi -
nait tous les jours ses forces. Il dut donc songer à
renoncer à ses travaux, ou du moins à les diminuer ; mais c'était presque impossible dans une paroisse aussi considérable que la sienne.

Un voyage qu'il entreprit pendant l'été ne lui fit
pas éprouver le soulagement qu'on en avait espéré,
ce qui ne l'empêcha pas de prêcher dans tous les
lieux où il s'arrêtait. Se trouvant à Bath, lorsque la
nouvelle de la mort de Whitefield arriva en Angleterre, il prononça à cette occasion un sermon funèbre dans cette même chapelle où la voix puissante
du grand orateur avait si souvent retenti. — Sur
ces entrefaites, on proposa à Venn la cure de Yelling, village situé à peu de distance de Cambridge.
La prudence l'engageait à accepter, mais pour cela,
il fallait quitter Huddersfield, Huddersfield, *sa joie*

et sa couronne, Huddersfield qu'il aimait depuis si longtemps, et où il était tant aimé : cette pensée l'affligeait profondément. A la fin pourtant, il céda aux sollicitations de sa famille. Il est impossible de décrire la douleur de ses paroissiens, lorsqu'ils surent qu'il s'était décidé à aller à Yelling. « Nous ne saurions le laisser partir ! » tel était le cri général ; et peu s'en fallut en effet qu'on ne le contraignît à demeurer. Pendant les trois mois qui précédèrent son départ, on lui prodigua des marques d'affection si touchantes, qu'il ne savait s'il devait persister dans sa résolution. Lorsqu'il prêcha son sermon d'adieu, une foule émue se pressait pour l'entendre. Les mères disaient en pleurant à leurs enfants : « Voilà celui qui a été notre pasteur fidèle, notre meilleur ami ! »

« Personne, écrivait-il à lady Huntingdon, ne
» peut se figurer combien il m'en coûte de quitter
» un troupeau que j'ai tant aimé. Vous, madame,
» vous savez combien je suis attaché à Huddersfield ;
» mes travaux y ont été bénis par le Seigneur ; j'y
» ai passé bien de douces heures en communion intime avec le Père et le Fils ; mais le mauvais état

» de ma santé me rend incapable d'occuper ce
» poste plus longtemps. Ah! priez pour moi, afin
» que la bénédiction de l'Eternel m'accompagne et
» qu'elle rende efficace, pour la conversion des
» âmes, mes faibles prédications. Bien entendu, chère
» madame, qu'à Yelling, comme à Huddersfield, je
» serai à votre service, toutes les fois que je pour-
» rai concourir à la propagation de l'Evangile. »

La paroisse de Yelling était peu habitée, et le petit auditoire, qui ne se composait que de vingt ou
trente paysans, formait un grand contraste avec
l'assemblée nombreuse et intelligente à laquelle Venn
était habitué; toutefois, il s'accommoda fort bien de
cette humble sphère d'action. « Mes nouveaux pa-
» roissiens sont extrêmement attentifs, écrit-il à la
» comtesse; ils paraissent étonnés de ma doctrine
» et du ton pénétré avec lequel je parle. Berridge a
» prêché ces jours-ci pour moi; il m'engage à visiter
» les paroisses voisines, où il a quelquefois an-
» noncé lui-même l'Evangile; j'ai déjà tenu quel-
» ques réunions dans des granges et d'autres lieux
» du même genre, et j'espère qu'elles ont fait du
» bien. Vous jouiriez, j'en suis sûr, d'assister à une

» de ces humbles assemblées, et il vous serait doux
» de voir l'avidité avec laquelle mes paroles sont
» reçues. Hélas ! des âmes périssent de tous côtés
» autour de moi, mais la force me manque pour
» suffire à tout ce qu'il y aurait à faire.... Combien
» il me tarde de vous revoir, chère madame, et de
» vous entendre prononcer encore une fois de ces
» paroles qui ranimaient mon âme endormie ! Priez,
» oh ! priez, afin que je sois enflammé d'un ardent
» désir de proclamer le glorieux Evangile de mon
» Seigneur et de mon Maître, et que je me consa-
» cre entièrement à sa sainte cause. »

Nous savons maintenant ce qui donnait une si
grande efficacité aux avertissements de cet homme de
Dieu : c'est qu'il sentait la vérité, la réalité de la rédemption. « Quelle miséricorde infinie, s'écrie-t-il
avec reconnaissance, que d'être délivré de la servitude du péché, de jouir de la présence de Dieu, de
contempler sa gloire, de sentir sa protection et son bras
victorieux étendu pour nous sauver ! Quel bonheur
ineffable que de marcher ainsi avec lui sur la terre
et de *demeurer ferme comme voyant Celui qui est in-
visible !* Ceci, je l'avoue, est difficile — du moins

pour moi, mais ce doit être pourtant le but de nos
efforts journaliers ; c'est ce à quoi nous sommes appelés. — Trois ennemis, Satan, le monde et la chair
combattent continuellement pour nous éloigner de
Dieu; toutefois ne nous décourageons point; voici
quelle doit être notre consolation : *L'Eternel donnera
de la force à son peuple, l'Eternel bénira son peuple
par la paix.* » — Nous le demandons : la vie d'un tel
homme n'est-elle pas une éloquente démonstration
de l'excellence et de la puissance de l'Evangile ?

Pendant que Venn s'établissait à Yelling, le zèle
sans bornes de lady Huntingdon ne se refroidissait
pas ; elle suivait avec intérêt les travaux de ses étudiants de Trevecca qui parcouraient le royaume,
combattant avec courage contre Satan et le péché.
Nouveaux apôtres, ils allaient *dans les chemins et le
long des haies,* prêchant en plein air toutes les fois
que le temps le leur permettait, n'ayant pour chaire
qu'une table, pour temple que la voûte du ciel,
mais se réunissant toujours au nom du Seigneur
Jésus.

« Il semble que nos chers étudiants n'aient d'au-
» tre but en vue que d'annoncer la Parole en tous

» lieux, écrit lady Huntingdon; le don de réveiller
» les âmes leur est largement accordé; le collége ne
» suffit pas aux demandes, mais ces chers jeunes
» gens suppléent par leur activité à leur petit nom-
» bre : ils ressemblent aux trois cents hommes de
» Gédéon. »

Les ouvriers employés aux mines excitèrent à
cette époque l'intérêt de lady Huntingdon et de
ses amis. On tint au milieu d'eux, dans les cavernes des rochers, des réunions qui se composèrent
souvent de mille personnes; la comtesse elle-même
se rendit dans le comté de Cornwall. — « Mon devoir
m'appelle auprès de ces mineurs, de ces milliers,
de ces dix milliers de pauvres créatures, que l'on
paraît abandonner à leur sort, dit-elle; leurs âmes
m'intéressent vivement, et, si le Seigneur le permet, je désire, pour leur instruction et leur salut,
fonder trois ou quatre établissements, au centre de
ces mines d'étain. »

Trevecca était devenu sa résidence habituelle, « sa
retraite bien-aimée, » ainsi qu'elle l'appelait. Là,
éloignée des agitations du monde, entourée de cette
petite phalange d'étudiants pieux, prêts à confesser

leur Sauveur dans *la bonne comme dans la mauvaise réputation,* cette femme remarquable entretenait une correspondance active avec ses amis chrétiens, avec les prédicateurs qu'elle avait à son service,
en un mot, avec tous ceux qui prenaient part au
beau mouvement religieux à la tête duquel elle se
trouvait elle-même. La direction de ses affaires, si
nombreuses et si compliquées, demandait du temps,
de l'attention et une capacité peu ordinaire; mais
elle suffisait à tout, entrait dans les moindres détails, et supportait toutes les difficultés avec un courage, une persévérance, que ni l'âge ni les infirmités ne purent lasser. Elle visitait de temps en temps
les nombreux comtés, devenus le champ de travail de ses missionnaires, inspectait les chapelles,
s'enquérait de la manière dont les membres des comités s'acquittaient de leurs fonctions, fixait les
émoluments des pasteurs, partageait les fonds, con-
seillait, dirigeait, encourageait, et tout cela avec
un tact et une énergie admirables.

Une lettre adressée à l'un des comités chargés de
la surveillance d'une chapelle, nous donnera à la
fois une idée de son activité et de la confiance qui

la soutenait au milieu des plus grands découragements :

« MES CHERS AMIS,

» Je dois d'abord vous dire que le plaisir que j'ai
» éprouvé, en lisant la fin de votre lettre, a com-
» pensé et au-delà ces tristesses et ces appréhen-
» sions inutiles, que le Seigneur permet que nous
» éprouvions, afin que nous voyions clairement la
» main qui répand sur nous les bénédictions et que
» nous lui rendions toute la gloire. La seule chose
» que je demande, c'est que le Seigneur recon-
» naisse nos assemblées comme lui appartenant.
» Tant que l'Eternel sera notre tendre Père et nous
» fournira la nourriture spirituelle dont nous avons
» besoin, nous aurons tout ce qu'il nous faut.
» Je suis peinée des réclamations qui ont été fai-
» tes au sujet de M. Taylor ; je lui ai moi-même en-
» voyé ce qui lui était nécessaire, car la population
» de son Eglise est si pauvre, qu'il est impossible
» de faire une collecte. J'ai donné les revenus
» d'une de mes propriétés pour l'entretien des pré-

» dicateurs de l'Evangile dans cette partie du comté
» de Kent. Je suis seule responsable des dépenses
» occasionnées par la chapelle, et je veux continuer
» à me confier en mon Maître bien-aimé, qui a
» toujours agi avec bonté envers son indigne ser-
» vante: quelle meilleure banque pourrais-je avoir?...
» — Je recommande vos travaux, chers amis, à Ce-
» lui dont l'œil fidèle et tendre veille sur vous, et
» je demeure votre amie et votre dévouée ser-
» vante

» S. Huntingdon. »

Cette lettre était adressée au comité d'administration d'une chapelle que la comtesse avait fondée à
Londres ; elle en avait établi plusieurs dans les quartiers pauvres de la capitale, au milieu de populations qui avaient été véritablement jusqu'alors
comme *des brebis qui n'ont point de berger.*

C'est ainsi qu'avec l'aide de quelques amis chrétiens, désireux de travailler à l'avancement du règne de Dieu, elle avait loué et agrandi un bel édifice
dans lequel prêchaient des pasteurs de l'Eglise épiscopale. L'un d'eux, Toplady, est connu de tous

ceux qui aiment la poésie lyrique. « La congrégation
est très-nombreuse, dit la comtesse au sujet de
cette chapelle; beaucoup de nobles et de puissants
se mêlent aux pauvres pour entendre la Parole,
qui a déjà produit chez quelques-uns des fruits
de vie. »

Elle ouvrit aussi pour le culte anglican un temple à Mulberry-Garden. Plusieurs pasteurs du voisinage, alarmés de la popularité des ministres qu'elle
employait, alarmés surtout de leur zèle infatigable, qui contrastait avec leur propre apathie, essayè-
rent de les réduire au silence par la persécution ;
mais leurs efforts furent vains : la bénédiction du
Tout-Puissant reposa sur ses serviteurs et rendit ef-
ficaces leurs prédications.

En 1773, lady Huntingdon perdit deux de ses
amis avec lesquels elle entretenait depuis un grand
nombre d'années des rapports d'une nature bien différente : nous voulons parler d'Howel Harris et de
lord Chesterfield.

« Howel Harris, ce dévoué serviteur de Dieu,
» écrivit-elle à Romaine, s'est endormi au Seigneur
» la semaine dernière. Lorsqu'il ne lui fut plus pos-

» sible de prêcher ou d'exhorter, il s'écria : « Dieu
» soit béni ! j'ai achevé mon œuvre ; je sais que je
» vais à mon Dieu et à mon Père, car il possède
» mon cœur, — oui, mon cœur tout entier ! Gloire
» soit à Dieu ! la mort n'a plus d'aiguillon ; tout va
» bien... » C'est en prononçant ces dernières paroles
» que cet excellent homme est entré dans son repos.

» Il est impossible de décrire la douleur qu'a fait
» naître dans tout le pays la nouvelle de sa mort ; il
» était aimé d'une multitude de personnes qui le
» regardaient comme leur père spirituel. Sa perte a
» été surtout profondément sentie dans le collége,
» dont plusieurs élèves avaient été réveillés par son
» ministère. La dernière fois qu'il y fit entendre sa
» voix, il parla avec une puissance extraordinaire
» de Dieu, de l'éternité, de l'immortalité ; et quand
» il en vint à l'application, il nous engagea à nous
» approcher de notre Rédempteur avec tant de ten-
» dresse, de ferveur et d'onction, que tout l'audi-
» toire fondit en larmes.

» Le jour de son enterrement, il semblait que le
» souffle de l'Esprit de Dieu se fît sentir aux assis-
» tants convertis comme à ceux qui ne l'étaient pas.

» Vingt mille personnes s'étaient réunies, parmi
» lesquelles on remarquait un grand nombre d'étu-
» diants et de pasteurs qui étaient venus lui rendre
» les derniers devoirs. Nous fîmes élever trois chai-
» res, et neuf sermons furent prêchés à la multitude
» profondément émue. Quinze pasteurs étaient pré-
» sents ; six firent retentir avec force la trompette
» de l'Evangile. Quoique nous eussions souvent joui
» de la présence du Seigneur, jamais peut-être il
» ne s'était manifesté à nos âmes comme ce jour-là ;
» pendant l'administration de la sainte cène sur-
» tout, il était évident que Dieu répandait son es-
» prit d'une manière remarquable. Plusieurs chré-
» tiens avancés m'ont dit plus tard qu'ils n'avaient
» jamais contemplé aussi visiblement la gloire de
» Dieu et les richesses de sa grâce, ni senti avec
» autant de force le pouvoir de l'Evangile.

» J'espère établir bientôt une chapelle à Worces-
» ter. Les comités de Lincoln et de Kent promet-
» tent beaucoup. Lady Fanny Shirley prête souvent
» sa maison pour tenir des réunions qui sont sui-
» vies par la noblesse. L'œuvre fait de grands pro-
» grès dans le comté de Glocester. »

Lord Chesterfield mourut quelques mois après
Howel Harris. Il avait été l'ami du comte d'Huntingdon , et à sa mort, il demeura dévoué à la comtesse. Il traita toujours le jeune comte comme son
fils adoptif ; lady Huntingdon ne put empêcher cette
liaison , mais il est probable qu'elle fut pour elle
une grande épreuve. Malgré son scepticisme et ses
dérèglements, lord Chesterfield assista souvent aux
prédications de Whitefield , dont il admirait beaucoup l'éloquence ; à la sollicitation de lady Huntingdon, il souscrivit même plus d'une fois à diverses
œuvres ayant pour but l'avancement du règne de
Christ. Ce fut à une demande de ce genre qu'il fit un
jour la réponse suivante : — « En vérité, madame, il
» est impossible de résister à vos prières. Ce n'est pas
» moi qui censurerai votre admiration enthousiaste
» pour Whitefield ; son éloquence, je le reconnais,
» est sans égale, son zèle inépuisable ; ne pas ad-
» mirer l'une et l'autre serait faire preuve d'insen-
» sibilité et de manque de goût, ce que personne
» n'ambitionne. Vous êtes un puissant auxiliaire des
» méthodistes, madame , et vous le dirai-je ? mal-
» gré mes opinions personnelles , je suis charmé de

» vous voir déployer tant de dévouement dans une
» si bonne cause. Je vous envoie 500 fr. pour ce
» nouveau Tabernacle que vous allez faire con-
» struire, mais *je vous prierai de ne pas faire pa-*
»' *raître mon nom.* »

Ce désir fut accompli ; le nom de lord Chesterfield n'a jamais figuré parmi ceux des disciples du
Seigneur ; il a obtenu, hélas, une tout autre célébrité ; ses maximes et ses principes corrompus sont
parvenus à la postérité dans ses *Lettres à son fils ;*
livre qui prouve une fois de plus (ce que l'on oublie
trop souvent) que le talent, quelque brillant qu'il
soit, ne peut faire pardonner l'immoralité. — « La
mort est un lacet tendu dans l'obscurité, » avait
écrit cet homme du monde avec sa légèreté ac-
coutumée ; ce lacet, il le trouva terrible et effrayant. A mesure que ses souffrances augmentaient
et que les secours humains devenaient inutiles,
le scepticisme froid et moqueur de l'infortuné ne
put lui offrir ni tranquillité pour le présent, ni
espérance pour l'avenir. En vain lady Huntingdon
essaya-t-elle de faire pénétrer dans son âme la
seule véritable consolation. « *L'obscurité des ténè-*

bres (1), accompagnée des terreurs les plus sinis-
tres, s'amoncelaient autour de lui dans ses derniers
moments, » raconte-t-elle.... Après la mort de lord
Chesterfield, Rowland Hill devint le chapelain de sa
femme.

La mort de lady Fanny Shirley produisit une impression bien différente sur ceux qui l'environnaient.
Autrefois, lord Chesterfield lui avait adressé quelques-uns de ses vers les plus célèbres ; mais depuis
lors elle avait choisi la bonne part qui ne pouvait
lui être enlevée. — « Je ne puis m'expliquer, disait
un jour son médecin à Venn, comment lady Fanny
peut supporter d'aussi vives douleurs avec tant de
patience. Le comprenez-vous ? — C'est qu'elle possède ce que vous et moi nous devrions demander
journellement, répondit Venn ; savoir, la grâce du
Seigneur Jésus-Christ, l'amour de Dieu et la communion du Saint-Esprit. » — Quels soutiens, en effet, que ceux-là !

Au commencement de 1775, lady Huntingdon est
à Bath, où elle fait tous les préparatifs nécessaires

(1) 2 Pierre, II, 17.

pour l'inauguration d'une chapelle à Bristol. « L'ou-
» verture d'un lieu de culte à Chichester, écrit-elle,
» ajoutée aux nombreux travaux de notre œuvre
» toujours croissante, ne me laisse que peu de temps
» à consacrer à mes amis. » Grandes durent être,
en effet, ses préoccupations à cette époque, puisque quatre nouvelles chapelles furent ouvertes par
ses soins cette année-là dans divers comtés de l'Angleterre.

CHAPITRE XVII.

Le presbytère de Yelling.

A l'époque où Venn quitta Huddersfield, il était
veuf et avait cinq enfants : il se remaria bientôt
après. Il avait accepté la paroisse de Yelling comme
une retraite où il pourrait, quoique affaibli, répandre la bonne semence et travailler encore pour
le Seigneur. Quand il fut délivré des soucis que
lui causait une Église étendue, sa santé parut se
raffermir. « A l'exception du dimanche, écrivait-
» il, les semaines s'écoulent sans que nous voyions
» autre chose que des arbres et des moutons, tout
» au plus un paysan qui passe. Ma plus grande
» jouissance est dans le recueillement et la contem-

12

» plation des bienfaits de Dieu. Je rappelle à mon
» esprit les merveilles de la grâce et je pense à la
» fin de tout homme ; mes occupations comme pas-
» teur et comme père de famille remplissent tout
» mon temps, et les années qui s'écoulent m'appor-
» tent de nouveaux témoignages de l'amour et de la
» fidélité de Dieu envers la plus indigne de ses créa-
» tures. Je m'aperçois de plus en plus que lorsque
» je détourne les yeux de Jésus, lorsque j'espère
» quelque chose en dehors de lui, je suis toujours
» trompé dans mon attente. Il y a vingt-cinq ans,
» je me croyais capable d'expliquer toute la Parole
» de Dieu et de prier sans me laisser distraire ; mais
» aujourd'hui je ne pense plus de même ; j'attends,
» pour connaître toutes choses, la lumière de l'éter-
» nité. Je m'occupe beaucoup des chers enfants de
» mon Eglise. Combien le Sauveur témoigne de ten-
» dresse pour les enfants ! Si je recommençais ma
» carrière, je m'occuperais davantage de la jeu-
» nesse. Dans cette œuvre d'amour, une sainte paix
» inonde le cœur, et quand nous enseignons, nous
» recevons nous-mêmes instruction de notre Maî-
» tre. Je vénère le nom du docteur Francke de Halle ;

» ce chrétien éminent se sentit ému de compassion
» envers les enfants des pauvres, et, quoique pro-
» fesseur dans une université, il se fit leur institu-
» teur, malgré les railleries de ses collègues. Aussi
» la bénédiction de Dieu a-t-elle reposé sur son tra-
» vail et le souvenir de sa charité répand un par-
» fum sur sa mémoire. »

En 1777, le fils aîné de Venn entra à l'université
de Cambridge. A cette occasion, il témoigne la plus
vive sollicitude et l'engage à réfléchir sur ce que doit
être la vie d'un chrétien : « Je vous conseille, lui
» écrit-il , d'étudier attentivement le caractère
» des hommes de Dieu qui lui ont été agréables,
» tels qu'Enoch, Noé, Abraham, Moïse, Josué, Job.
» Vous verrez ce que deviennent les cœurs façon-
» nés par le Saint-Esprit. Un sincère amour pour le
» Seigneur, un dévouement complet à son service,
» une soumission parfaite à sa volonté, voilà les
» traits qui les distinguent. Elevez ensuite votre
» cœur et vos regards vers leur Dieu et votre Dieu,
» afin qu'il vous accorde, à vous qui êtes placé sous
» une dispensation plus glorieuse, et qui êtes en-
» touré de moyens de grâce plus nombreux, de de-

» venir l'imitateur de ceux qui vous ont été propo-
» sés pour exemple. »

A sa fille aînée, il écrivait : « Je désire, ma chère
» enfant, que vous disiez souvent en vous-même :
« Je ne m'appartiens pas, je suis au Seigneur ; puis-
» sé-je apprécier convenablement un si grand pri-
» vilége ! Je suis au Seigneur pour recevoir le bien-
» fait inestimable des directions de sa sagesse, pour
» obtenir de lui la force d'accomplir ce dont je me
» sens incapable par moi-même. Je suis à lui pour
» que son tendre soin me préserve des piéges, des
» embûches et des séductions du malin. Je suis à lui
» pour entendre sa voix, pour recueillir ses divins
» enseignements, pour accomplir avec diligence,
» humilité et joie l'œuvre qu'il me donne à faire. Et
» je suis au Seigneur, non-seulement pour vivre,
» mais pour mourir en lui. » — Oui, ma chère
» fille, souvenez-vous toujours que vous avez été
» ressuscitée à Dieu par Jésus-Christ notre Seigneur.
» Voici tout ce que mon cœur peut désirer pour vous,
» c'est que vous apparteniez à Dieu et dans cette
» vie et dans la vie éternelle. »

« C'est un bonheur et un privilége accordé au

» chrétien, écrivait-il à une autre de ses filles, de
» pouvoir intercéder pour ses enfants et demander
» pour eux au dispensateur de toutes grâces ce qui
» leur est bon et pour l'âme et pour le corps. Ce ma-
» tin, j'ai prié pour vous avec ferveur; de votre côté,
» ma chère enfant, priez pour vous-même, car
» vous savez quels ennemis vous avez à combattre.
» Le plus redoutable de tous, c'est votre cœur
» enclin au mal. Qui pourra vous délivrer de cet
» ennemi-là ? Notre Rédempteur seul, qui a aban-
» donné son trône de gloire pour venir *chercher et*
» *sauver ceux qui étaient perdus.* Il peut exaucer
» votre prière, et il le veut, n'en doutez pas. J'ai
» demandé pour vous le bonheur, non celui qui
» consiste dans les biens du monde, mais le vé-
» ritable bonheur, l'assurance que vous êtes ré-
» conciliée avec Dieu et que le ciel est votre patrie
» éternelle. J'ai aussi fait une autre demande en
» votre faveur : c'est que vous puissiez être vrai-
» ment utile à votre prochain. Celui qui appartient
» à Christ ne vit point pour lui-même; il est comme
» un bon arbre qui porte beaucoup de fruits; il est
» doux, patient, et, par son exemple, il con-

» damne le mal et prêche ce qui est agréable à Dieu. »

Venn exerçait la plus salutaire influence sur ceux qui étaient en rapport avec lui. Sa conversation agréable, ses manières aimables et affectueuses lui gagnaient la confiance et ouvraient la voie à ses avertissements qui, malgré leur fidélité, offensaient rarement. Il n'avait pas une éloquence brillante ; mais il s'était nourri de la Parole de Dieu, et sa connaissance expérimentale de la piété donnait à ses paroles un cachet tout particulier de conviction et d'énergie. Il possédait au plus haut degré cette vie spirituelle, cet esprit joyeux et recueilli, cette humilité et cette confiance qui doivent distinguer les enfants de Dieu. Ses enseignements portaient, en général, sur des sujets pratiques. « Les prophètes et les apôtres, disait-il, insistent autant sur les fruits de la foi que sur la foi elle-même. Le devoir absolu de la sanctification, le côté pratique de la piété occupent une place très-importante dans les Ecritures. » Et Venn faisait plus que d'exhorter son troupeau à vivre d'une vie sainte ; il était lui-même un exemple de cette foi agissante qui n'est obtenue que par l'union avec Christ, le Sauveur crucifié.

CHAPITRE XVIII.

Rowland Hill.

A l'époque où nous sommes parvenus, Rowland Hill avait atteint son plus haut degré de popularité. Ami de Whitefield et de Berridge, il unissait l'originalité de l'un, l'éloquence de l'autre, au zèle apostolique qui les caractérisait tous les deux. Il parcourut l'Angleterre, prêchant la repentance et la rémission des péchés par le sang de Christ. Dans les chapelles et les églises, dans les places, les carrefours ou les champs de foires, en un mot, partout où des hommes pouvaient l'entendre, Row-

land Hill proclamait avec ferveur cette vérité qui
remplissait son âme, et c'était surtout aux classes
inférieures de la société qu'il se sentait pressé d'annoncer l'Evangile.

Pendant les troubles politiques qui éclatèrent en
1780 et qui faillirent troubler la paix de l'Angleterre, Rowland Hill allait souvent à Saint-George-Fields, faubourg de Londres, connu pour être le rendez-vous des séditieux et de toutes sortes de gens mal
famés; là, il osait appeler l'attention des ouvriers mécontents et mourant presque de faim, sur les vérités
du monde à venir. Ses discours, pleins de hardiesse,
semblaient accompagnés d'un pouvoir divin; ils
transperçaient la conscience de ces malheureux, qui,
sans travail, sans pain, excités par des querelles
politiques, paraissaient devoir être absorbés par
les préoccupations de la vie présente; mais quelque grandes que fussent ces préoccupations, elles
devenaient insignifiantes en présence des intérêts
de la vie éternelle. Les cœurs les plus durs étaient
touchés; un cri général s'élevait vers le ciel, demandant le pain de vie; et ceux qui n'avaient rien
à espérer des souverains de la terre, obtenaient un

libre accès auprès du Trône de grâce. Il n'est donc pas étonnant que la haine et l'envie dirigeassent leurs flèches contre le courageux réformateur, à qui Dieu accordait d'accomplir de si grandes choses. Rowland Hill fut souvent assailli à coups de pierre, critiqué, insulté, brûlé en effigie. Ces contradictions perpétuelles, jointes au déplaisir de ses parents et à l'inquiétude mal déguisée de quelques-uns de ses amis sincères, mais timides, auraient découragé assurément un cœur moins dévoué que le sien à la cause de son Maître. « Il est vrai, disait-il, je suis ce que le monde méprise, un pauvre *laïque itinérant;* mais je n'en suis pas moins convaincu que la bénédiction du Seigneur repose sur mon œuvre. » Avec cette conviction, pouvait-il donc l'abandonner? Toplady l'engagea à prendre ce parti et l'invita même à venir chez lui; mais des hommes comme Rowland Hill étaient nécessaires à cette époque; aussi Dieu prit-il soin de les susciter, et en leur donnant le sentiment de leur vocation, il leur communiquait une force qu'aucun obstacle ne pouvait abattre.

« Parce que je suis pénétré des vérités que j'annonce, s'écria-t-il un jour du haut de la chaire, on m'appelle un enthousiaste! mais, non! je ne le suis pas; ce que je dis, est la vérité. La première fois que je gravis ce coteau que nous apercevons là-bas, je fus témoin d'un accident déplorable : à quelques pas de moi, je vis trois personnes enterrées vivantes par un éboulement. A cette vue, j'élevai la voix, et je criai avec tant de force que l'on m'entendit de la ville, située à un mille de distance; l'on s'empressa de porter du secours à ces malheureux, et deux d'entre eux furent sauvés. Personne alors que je sache ne songea à me traiter d'enthousiaste! et quand je vois la destruction éternelle prête à atteindre de pauvres pécheurs, quand je vois un abîme de misère s'entr'ouvrant sous leurs pas pour les engloutir, m'appellera-t-on un enthousiaste, parce que je leur crie d'échapper à la ruine qui les menace? Non, pécheur, détrompe-toi; je ne suis point hors de sens, mais je te crie de chercher un refuge dans l'espérance de l'Evangile. »

Il y avait des moments où les sérieuses réalités de la vie et de la mort, du ciel et de l'enfer se présentaient si vivement à son esprit, que l'éner-

gie avec laquelle il en parlait était tout-à-fait saisis-
sante. « J'aime à entendre Rowland Hill, disait
Shéridan, parce que ses idées sortent bouillantes de
son cœur. »

En avant ! telle était la devise de la famille Hill;
ce fut aussi le mot d'ordre de Rowland pendant
toute sa carrière.

« Cher monsieur, lui écrivait Berridge, qui obser-
» vait avec intérêt ses progrès croissants, votre
» bonne missive s'est fait attendre, mais les nou-
» velles qu'elle renferme ont réjoui mon cœur. La
» devise de votre cachet m'a fait plaisir, et m'a donné
» comme un avant-goût de votre lettre. Je crai-
» gnais que vous ne vous fussiez découragé d'aller
» de lieu en lieu prêchant l'Evangile; mais mes
» craintes étaient sans fondement : tout va bien. La
» satire publiée récemment contre vous, est un pré-
» sage que Dieu veut vous honorer; elle me paraît
» une sorte de garantie que vous continuerez à être
» un prédicateur missionnaire, et que votre minis-
» tère sera abondamment béni. Luther avait cou-
» tume de dire que lorsque le Seigneur lui donnait
» une nouvelle œuvre à accomplir, il avait soin de

» lui envoyer auparavant une épreuve, afin de l'hu-
» milier. Ne cherchez pas à devenir un grand ora-
» teur. Souvenez-vous que les murailles de Jéricho
» furent renversées au son de cornes de bélier.
» Regardez simplement à Jésus; tout ce qui vous
» est nécessaire, vous sera donné par-dessus, et ce
» qui vous sera donné, sera béni. Votre bouche
» sera semblable à un fleuve rapide ou à une fon-
» taine scellée, suivant les dispositions de votre
» cœur. Evitez toute controverse dans vos prédica-
» tions, vos discours et vos écrits. »

Rowland eut beaucoup de difficultés à obtenir la
consécration; à la fin, quelques-uns de ses amis lui
ayant conseillé de renoncer pour un temps à ses
prédications, pendant que l'on ferait des démarches
en sa faveur, il y consentit et se réfugia chez l'un
d'eux à Woburn.

A force de prières, l'on finit par obtenir que le
docteur Wills, évêque de Bath, lui imposât les
mains, et cela, « sans aucune condition, grâce à
l'intervention de la divine Providence, » dit Rowland
lui-même.

C'était en juin 1773. N'ayant fait aucune promesse,

le jeune ministre, qui avait déjà supporté l'opprobre comme un bon soldat de Jésus-Christ, recommença aussitôt, avec un redoublement d'ardeur,
ses travaux et ses prédications missionnaires. Nous
le voyons tantôt à Northampton, où vingt-cinq ans
auparavant Doddridge avait annoncé cet Evangile,
dont la douceur et la richesse remplirent sa vie et
le préparèrent à la mort ; tantôt à Olney, où il n'y
avait pas de temple assez vaste pour contenir la
multitude de ses auditeurs; puis, parmi la société
élégante de Richmond ; enfin, au Tabernacle, où
dans une occasion, il donna la communion depuis
six heures du matin jusqu'à dix.

Plus tard, il se rend dans le pays de Galles, qu'il
parcourt en annonçant le salut. Il consacre une
vieille grange qu'il transforme en une maison du
Seigneur ; il prêche ordinairement trois ou quatre
sermons par jour, et des milliers de personnes se
réunissent pour l'entendre. Un nouveau Whitefield
parcourt les collines ; un second Harris visite encore
ces lieux qui ont si souvent retenti des sons joyeux
de l'Evangile, et ranime la ferveur du peuple de
Dieu dans ces contrées. Rowland Hill aimait beau-

coup la simplicité de la piété galloise. Les intempéries des saisons n'empêchaient point ces braves montagnards de se rendre aux assemblées. Il prêcha plus d'une fois en plein air, malgré une forte averse, et ses auditeurs n'étaient ni moins nombreux ni moins attentifs que si le soleil eût brillé sur leurs têtes. Rowland disait par la suite à ses auditeurs de Londres, lorsque le dimanche ils avaient été retenus chez eux par le mauvais temps : « Ah! si vous aimiez l'Evangile, comme le font les paysans gallois, vous ne vous laisseriez pas ainsi arrêter par une averse. »

Ses travaux, si abondamment bénis par *le grand Evêque des âmes*, portèrent cependant ombrage aux autorités ecclésiastiques, et empêchèrent son avancement dans l'Eglise; il n'obtint jamais tous ses grades; mais il s'en consola aisément, et sachant que la faveur ou le mécontentement des sommités de l'Eglise établie ne pouvait ni augmenter ni diminuer en rien la valeur de ses enseignements, il n'hésita pas à continuer ses prédications.

Rowland Hill fut reçu avec acclamation au Tabernacle et à Tottenham-Court, comme un digne successeur de Whitefield. Au commencement de sa carrière, lors-

qu'il était en disgrâce auprès de sa famille, lady Huntingdon l'avait reçu avec affection et lui avait donné une
cordiale hospitalité. Mais plus tard, il paraît y avoir
eu entre eux une certaine froideur, et, malgré leur
respect mutuel, malgré l'attachement qui les portait
à implorer l'un pour l'autre la bénédiction de Dieu,
ils n'ont jamais travaillé de concert. Dans une occasion, le comité directeur de la chapelle de Spa-
Fields, désirant s'assurer la coopération de Rowland
Hill, demanda à lady Huntingdon son avis sur ce
point ; elle fit à cette demande la réponse suivante,
empreinte de cette décision et de cette netteté qui
caractérisaient toujours ses moindres démarches :

« Je vous dirai sans réserve, mes chers amis, que
» M. Hill ne doit pas prêcher dans ma chapelle. Il
» est inutile d'insister quant à présent. Si plus tard
» la chose devenait nécessaire, on pourrait y aviser,
» mais soyez certains qu'elle ne l'est pas mainte-
» nant. M. Percy sera remplacé par M. Philips,
» directeur du collége, en attendant que l'un de
» nos pasteurs revienne des tournées missionnaires
» qui ont été entreprises dans diverses parties du
» royaume. »

La conduite de la comtesse à l'égard du jeune prédicateur n'était-elle pas en accord avec le langage
que le patriarche Abraham tint à son neveu Lot?
*Je te prie, qu'il n'y ait point de dispute entre moi et
toi, ni entre mes bergers et les tiens; car nous
sommes frères. Tout le pays n'est-il pas à ta disposition. Sépare-toi, je te prie, d'avec moi* (1). Que de
divisions ne seraient pas étouffées dès leur naissance, et combien les enfants de Dieu ne s'épargne-
raient pas de justes reproches, si ceux entre lesquels il existe incompatibilité de caractère ou
d'opinions se séparaient affectueusement, choisis-
sant chacun un champ de travail distinct, s'accor-
dant à prendre les uns à droite, les autres à
gauche, puisque, en effet, *tout le pays est à leur
disposition !*

Suivons maintenant Rowland Hill à Londres; il
demeure au presbytère dépendant du Tabernacle et
aide à former une société qui permette aux pasteurs de visiter les environs de leur paroisse,
comme le faisaient Berridge et Grimshaw; cette as-

(1) Gen., XIII, 8, 9.

sociation reçut le nom de *Societas evangelica* : de
nos jours, elle eût été appelée Mission intérieure.
Suivons-le encore à Wotton, petite ville située sur
la Severn argentée, entourée de collines boisées et
de vallées verdoyantes qu'il habita après son mariage. Il y bâtit une maison et un temple dans une
situation des plus pittoresques. Toutefois, ses amis
l'engageaient toujours à consacrer définitivement ses
travaux à la capitale, et dans le but de l'y décider,
ils organisèrent une souscription pour élever une
chapelle à Saint-George-Fields, autrefois le théâtre
de ses plus grands succès, mais dépourvu maintenant de tout moyen d'édification.

« Je suis persuadé que vous vous réjouirez d'appren-
» dre, madame, écrivait Berridge à lady Hunting-
» don, qu'avec le secours de Dieu, Rowland va
» planter l'étendard de l'Evangile au centre du
» royaume du diable. Quels mugissements affreux,
» ce vieil ennemi de l'homme ne va-t-il pas pous-
» ser à l'occasion de cette invasion dans son em-
» pire ! Mais malgré ses colères et sa persécution,
» la cause de Christ triomphera, nous le savons.
» On m'a dit que l'endroit choisi pour y élever le

» nouveau temple est situé dans un des plus mau-
» vais quartiers de Londres. Tant mieux! Quel
» beau terrain pour labourer et pour semer! bien-
» tôt nous entendrons parler de la moisson. Com-
» bien seront glorieux les fruits que l'Evangile por-
» tera dans ce sol si aride en apparence! Je n'ai
» pas besoin, madame, de vous recommander de
» faire monter vers le ciel de nombreuses suppli-
» cations, pour demander à Dieu de bénir ce sanc-
» tuaire. »

« Telles sont les nouvelles réjouissantes de Londres, nous dit la comtesse; moi qui connais
M. Hill depuis le commencement de sa carrière,
je puis affirmer qu'aucun homme n'a jamais entre-
pris avec plus d'ardeur que lui de délivrer les
âmes de la servitude de Satan pour les amener à
la liberté glorieuse des enfants de Dieu. Au reste,
toute l'énergie de son esprit zélé et entreprenant est
bien nécessaire pour élever l'étendard de la croix,
dans cette partie de Londres, où l'ignorance et le
vice se montrent d'une manière si affligeante. Bien
que j'aie cru devoir, il y a quelque temps, ne pas
l'inviter à prêcher dans ma chapelle, je me ré-

jouis cordialement des succès qui ont couronné ses
fidèles travaux. Je l'ai connu, étudiant à l'université, désavoué par sa famille, manquant d'argent,
persécuté; il était alors pour moi comme un fils,
je le reçus dans ma maison, et il prêchait dans
toutes mes réunions. Le désir de mon cœur est que
Dieu fasse abondamment prospérer la nouvelle
entreprise à laquelle il va mettre la main, que
beaucoup d'âmes puissent être gagnées à Jésus-
Christ par son moyen, et qu'elles deviennent sa
couronne de gloire au jour du jugement. »

La comtesse ne se borna pas à un simple témoignage d'approbation, elle souscrivit généreusement
en faveur de l'œuvre projetée. La première pierre
de *Surry-Chapel* fut posée en 1782; Rowland prêcha à cette occasion sur ce texte : *Voici, je mettrai pour fondement une pierre en Sion, une pierre
éprouvée, une pierre angulaire et précieuse pour
être un fondement solide* (Esaïe, XXVIII, 16). La
confession de foi à laquelle le troupeau de Rowland
Hill se rattacha fut celle de l'Eglise anglicane, mais
tout pasteur fidèle, à quelque dénomination et à
quelque pays qu'il appartînt, pouvait prêcher dans

Surry-Chapel. « Ce n'est pas moi qui ai abandonné l'Eglise, mais c'est elle qui m'a rejeté, disait Rowland Hill, à la fin de sa vie ; toutefois, j'avoue que j'aime un peu plus de liberté qu'elle n'en accorde ; et, grâces à Dieu, je puis offrir ma chaire aux docteurs Chalmers et Morrison lorsqu'ils viennent à Londres. Je suppose, ajoutait-il, que si saint Paul revenait sur la terre, on ne lui permettrait pas de prêcher dans la cathédrale qui porte son nom. »

Peu d'Eglises ont donné naissance à un aussi grand nombre d'institutions pour l'avancement du règne de Dieu et le bien de l'humanité que celle de Surry-Chapel. Nous la voyons d'abord fonder une école industrielle ; puis, successivement, une société de bienfaisance pour le soulagement des indigents et des malades, une société de *Dorcas*, c'est-à-dire une association de femmes pieuses qui confectionnaient elles-mêmes des vêtements pour les pauvres, des réunions d'édification pour les nouveaux convertis, enfin, des réunions de prière pour les fidèles, que Rowland aimait à présider lui-même. Outre cela, le troupeau de Surry-Chapel et son pasteur prirent une part active dans la fondation de plusieurs des institutions chrétiennes qui existent encore aujourd'hui.

Ce fut ainsi que Rowland Hill devint pasteur résidant à Londres; admirateur passionné des beautés de la nature, ce changement de position lui eût peut-être été pénible s'il avait été moins attaché à l'œuvre du Seigneur. Cependant, il ne renonça pas complètement à ses tournées d'évangélisation ; tous les ans, au retour de la belle saison, il visitait de nouveau les lieux témoins de ses premiers travaux ; il jouissait de se trouver encore dans sa retraite de Wotton, sur les frais rivages de la Severn. Ses anciens amis Berridge et Venn remplaçaient quelquefois le pasteur absent, et il n'était jamais plus heureux que lorsque son troupeau était ainsi nourri *de la moelle et de la graisse* de la vérité chrétienne. Une fois par an, Hill et le célèbre commentateur, le docteur Scott, échangeaient leurs chaires.

La vie et les travaux de Rowland Hill se sont étendus jusqu'à la trentième année de ce siècle ; ses talents ont excité notre admiration comme ceux de Whitefield excitèrent celle de nos pères ; il a été

comme une trace lumineuse que nous ont laissée
Whitefield, Wesley, Berridge et Venn, après avoir
brillé eux-mêmes d'une lumière divine dans l'obscurité de l'histoire de l'Eglise.

CHAPITRE XIX.

La scission.

Dans le faubourg nord de Londres, quelques spéculateurs avaient fait construire un édifice appelé le Parthénon, qui était destiné à toutes sortes d'amusements et où le dimanche était ouvertement profané. Cette entreprise n'ayant pas réussi comme on s'y était attendu, l'édifice fut mis en vente. Quelques chrétiens éprouvèrent un grand désir de le voir consacré au service divin, et lady Huntingdon écrivit même à ses amis pour leur demander s'ils ne lui conseillaient pas de l'acheter. Ils ne l'encouragèrent pas dans ce projet, qu'ils regardaient comme très-difficile à exécuter. Elle céda à leurs avis, mais à regret ; « car, dit-elle, je souhaitais vivement de voir ce temple de la folie, dédié à Jésus, le chef de l'Eglise. L'état de ces milliers d'âmes qui périssent m'affecte si profondément, que je suis prête à tout sacrifier pour leur venir en aide ; et quoique dans ce moment je n'aie pas un schelling à ma disposition, je suis persuadée que mon Maître ne me laissera manquer de rien. Cette cause est la sienne ; les cœurs de tous sont en sa main ; il m'enverra du secours s'il trouve bon de se servir de moi. C'est avec regret que je renonce à mon plan ; les avis qu'on me donne peuvent être bons, mais la foi me dit d'aller en avant sans hésitation et sans crainte. »

Lady Huntingdon ayant renoncé à son projet, des hommes pieux achetèrent le Parthénon, le transformèrent en lieu de culte, et y placèrent deux bons pasteurs qui ne se bornèrent pas à prêcher l'Evangile, mais qui étendirent leur œuvre d'amour dans tout le voisinage, visitant les malades et les affligés, et exhortant de maison en maison les pécheurs à se

repentir. Mais les travaux de ces hommes zélés ne
tardèrent pas à exciter la colère du recteur de la
paroisse, qui prit la résolution d'y mettre fin. Il
commença par revendiquer le droit de faire prêcher
qui bon lui semblerait dans leur chaire ; il réclama
ensuite les revenus de cette chapelle, et enfin il me-
naça de dénoncer les pasteurs à l'évêque. Comme
ceux-ci résistaient, il porta sa plainte, et l'évêque
ordonna de fermer le nouveau lieu de culte. Cet incident causa une vive peine à tous les hommes
pieux ; ils cherchèrent quelque moyen de mettre la
chapelle à l'abri des vexations du recteur, et, pour
cela, ils conseillèrent à lady Huntingdon de la placer sous la protection de son titre, comme celles
qu'elle possédait déjà, en en prenant la direction.
Elle fut heureuse de suivre cet avis. En conséquence, le lieu de culte fut de nouveau ouvert ; et
quoique à cette époque les revenus de la comtesse fussent à peine suffisants pour soutenir toutes les œuvres
qu'elle avait entreprises, elle ne recula point devant
les nouvelles dépenses qu'elle aurait à faire. Sa foi
et son courage ne faiblirent jamais ; son esprit éner-
gique s'élevait bien au-dessus des timides conseils de

la prudence humaine. Lorsqu'elle voyait son devoir clairement tracé, rien ne pouvait l'arrêter ; il fallait qu'elle l'accomplît, et elle avait un talent extraordinaire pour renverser les obstacles qui se trouvaient sur son chemin.

On raconte qu'elle reçut un jour la visite d'un de ses amis qui s'occupait avec elle de la chapelle de Spa-Fields ; ce monsieur la blâma de ce qu'elle se chargeait d'une nouvelle chapelle lorsqu'elle manquait de l'argent nécessaire pour la soutenir. Il n'avait pas encore quitté la maison lorsqu'une lettre fut remise à la comtesse ; elle l'ouvrit, et fut émue jusqu'aux larmes. La lettre renfermait ces paroles : « Une personne qui a entendu parler des travaux de lady Huntingdon pour la propagation de l'Evangile, la prie d'accepter le billet ci-inclus. » —' C'était une traite de 12,500 fr., la somme nécessaire pour exécuter son projet. « Tenez, dit-elle à son ami, prenez cet argent pour payer les frais de la chapelle, et ne soyez plus incrédule, mais croyez. »

A cause de son titre et du rang qu'elle occupait, lady Huntingdon pensait avoir le droit de faire prê-

cher les ministres qu'elle nommait ses chapelains où
et quand elle le voulait ; mais le recteur de Saint-
James ayant renouvelé ses attaques contre la chapelle du Parthénon et contre les prédicateurs, il
obtint encore gain de cause ; lady Huntingdon,
aussi surprise qu'affligée de ce résultat, consulta
des avocats à ce sujet. On lui répondit que le texte
de la loi était en faveur de l'évêque ; alors, à son
grand regret, elle se décida à transformer sa chapelle en chapelle dissidente.

Ce ne fut pas sans beaucoup de tristesses et de
luttes intérieures qu'elle prit cette importante dé-
termination qui devait, non-seulement lui attirer
le blâme et les reproches de beaucoup de ses amis,
mais aussi la priver de la coopération de pasteurs
fidèles, appartenant à l'Eglise épiscopale.

« Je vais être repoussée, disait-elle, quoique depuis quarante années j'annonce Jésus-Christ et que
je vive pour lui. Mais, grâces à Dieu, j'ai pu envisager cet évènement avec calme et demeurer ferme. Je
serai calomniée, mal jugée ; mais je ne m'en mets
point en souci, pourvu que je puisse employer le

peu de temps qui me reste à vivre à répandre la lumière de l'Evangile. »

On n'avait pas encore examiné jusqu'où s'étendaient les priviléges d'un pair, en matière religieuse; mais lorsqu'on voulut approfondir la question, les chapelles de lady Huntingdon furent toutes déclarées chapelles dissidentes.

Les pasteurs consciencieux se trouvèrent alors placés dans une pénible alternative : d'un côté, ils voyaient autour d'eux des multitudes périr dans l'ignorance; de l'autre, il leur était défendu, par les règlements de l'Eglise, de dépasser les limites de leur paroisse. Dans cette conjoncture, plusieurs d'entre eux, quoique sincèrement attachés à l'Eglise d'Angleterre, optant pour le mal qui leur paraissait le moindre, prêchèrent hors de leur paroisse, et deux pasteurs fidèles, auxquels on avait défendu de prêcher dans les chapelles de la comtesse, se séparèrent formellement de l'Eglise et devinrent ministres dissidents. Il en fut de même des étudiants de Trevecca que les évêques refusaient de consacrer.

A l'époque de la séparation, les chapelles dites de lady Huntingdon étaient au nombre de soixante-sept, mais sur ce nombre sept seulement appartenaient en propre à la comtesse. Cependant, jusqu'à la fin de sa vie, on lui laissa la direction de toutes les autres, ce qui était un témoignage de déférence bien dû à ses talents, à son expérience et à sa générosité. Elle était toujours tenue au courant des moindres détails d'administration, choisissait les pasteurs, dirigeait les comités, donnait à tous de sages conseils; en un mot, elle exerçait une si grande influence sur ces nouvelles Eglises que rien ne s'y accomplissait sans son approbation.

CHAPITRE XX.

Conclusion.

Agée maintenant de plus de soixante-dix ans, lady Huntingdon n'avait pourtant rien perdu de son activité morale, et son caractère avait conservé sa vigueur et sa force première. Elle ne connut jamais ni fatigue ni repos. La vie divine qu'elle avait reçue dans sa jeunesse, au sortir d'une grave maladie, n'était sujette à aucune des infirmités qui attaquent l'organisation physique. Bien plus : lorsque cette femme pieuse eut dépassé les limites ordinaires de la vie humaine, elle parut s'élever plus que jamais au-dessus de la faiblesse de la chair, et se revêtir d'une force et d'une beauté qui n'appartiennent point à la nature mortelle. Pendant de longues années, lady Anne Erskine fut sa compagne dévouée ; animée des mêmes sentiments que sa vénérable amie, elle prenait part à toutes ses joies comme à toutes ses épreuves.

En 1787, la comtesse eut à pleurer sur la mort de son fils aîné, lord Huntingdon, et ce ne fut pas la première fois que son cœur maternel saigna à son sujet. C'était un homme distingué, qui occupa plusieurs postes importants et honorables ; mais il était fortement imbu des idées incrédules de son époque ; et n'ayant jamais compris l'excellence des principes qui dirigeaient la vie de sa mère, il ne connut pas non plus leur puissance pour sauver à l'heure de la mort. Pendant la jeunesse du comte, Grimshaw avait eu avec lui plusieurs conversations sérieuses, et il reconnut que, dans ce jeune homme, l'esprit était égaré par le cœur. A l'âge de soixante ans, il mourut comme il avait vécu.

Vers la fin de sa vie, lady Huntingdon passait une grande partie de l'année à Londres, près de la

chapelle de Spa-Fields , et son train de maison était plutôt celui d'une héritière du royaume des cieux que d'une dame de l'aristocratie anglaise. Son équipage et son ameublement étaient d'une extrême simplicité , et quoique ses revenus eussent été bien augmentés par la mort de son fils , elle ne s'accordait qu'une seule robe chaque année, — exemple d'économie bien propre à faire rougir plus d'une femme chrétienne, dont *la parure est celle du dehors*, plutôt *que l'ornement de l'homme caché et du cœur* (1). « Je me rappelle, écrit un contem-
» porain , qu'étant entré un jour chez la com-
» tesse avec un de mes amis , celui-ci, ayant jeté
» un coup-d'œil autour de lui, s'écria : « Quelle
» leçon !... Comment ! une personne dans la posi-
» tion de la comtesse, élevée au sein de la gran-
» deur, vivrait dans une maison si modeste et si
» pauvrement meublée, tandis que moi, simple
» négociant , je serais environné d'élégance et de
» luxe ? Non , il ne doit pas en être ainsi : dès ce
» moment, je hais ma maison , mon mobilier, et,

(1) 1 Pierre, III, 3, 4.

» surtout, je me hais moi-même, pour avoir dé-
» pensé si peu pour Dieu et autant pour la va-
» nité. »

« Quelles merveilles n'a-t-elle pas accomplies,
» avec un revenu de 30,000 fr. seulement ! s'é-
» criait à son tour un des amis de lady Hunting-
» don. Elle entretenait le collége de Trevecca à ses
» frais ; elle a élevé des chapelles dans toutes les
» parties du royaume et envoyé des prédicateurs
» jusque dans des contrées lointaines. Son exemple
» nous montre ce que c'est que de se consacrer
» véritablement à Dieu. — Va donc, toi qui dis :
» *Que rendrai-je à l'Eternel pour tous ses bienfaits?*
» *va, et fais de même.* Tu ne prouveras pas ton
» amour pour Dieu et pour les hommes en aug-
» mentant le nombre de tes maisons et de tes
» champs ou en grossissant tes trésors. Si Dieu t'a
» libéralement départi la fortune et que tu ne sois
» pas disposé à la dépenser pour son service, cha-
» cun, excepté toi-même, sera convaincu que tu
» n'aimes point Dieu et que toutes tes paroles ne
» sont point sincères. »

A quatre-vingt-quatre ans, lady Huntingdon sen-

tit que son œuvre touchait à sa fin ; les infirmités
de la vieillesse vinrent l'assaillir, et ce corps, autrefois si robuste, si actif, toujours prêt à obéir aux
impulsions de son âme , commença à soupirer
après le repos. Elle mit ses affaires en ordre ,
pourvut à l'avenir des nombreuses institutions charitables qu'elle soutenait , choisit des personnes
pour continuer ses œuvres , et quoiqu'elle s'occu-
pât encore activement vers le soir de sa vie, elle
regardait avec espérance vers l'aurore de ce lendemain dont le soleil glorieux ne devait jamais se
coucher.

Assise sur son fauteuil, repassant dans sa mémoire la période brillante de l'histoire de l'Eglise ,
signalée par tant de triomphes et à laquelle son nom
est pour jamais associé, ne se félicite-t-elle pas du
rôle important qu'elle a rempli, comme l'amie et le
soutien des élus de Dieu , comme le guide et le con-
seiller des chrétiens les plus éminents de son temps?
Ecoutons :

« Oh ! qui oserait présenter à Dieu les meilleures
œuvres de ses meilleurs jours ? s'écrie-t-elle ; nous
sommes bien heureux et nous n'avons rien à crain-

dre si seulement nous pouvons dire : *O Dieu! sois
apaisé envers moi qui suis pécheur!*

» Quelle espérance pourrais-je avoir maintenant
que je suis prête à comparaître devant le Seigneur,
dit-elle encore, si je ne connaissais pas l'efficacité
de son sang? Aucune de mes œuvres ne pourrait
donner un instant de paix à mon âme, au moment
de son départ ; les meilleures sont toujours entachées
de péché, et je reste toujours bien en arrière de ce
que je devrais accomplir. »

Un jour, en sortant de sa chambre, un rayon de
joie inaccoutumée illuminait sa physionomie. « Le
Seigneur a été avec moi ce matin d'une manière remarquable, dit-elle ; j'ignore ce qu'il veut me communiquer ; c'est peut-être l'approche de mon départ.
Mon âme est remplie de gloire ; j'éprouve une béati-
tude céleste. » Peu de jours après, son état de
santé, qui donnait déjà quelque inquiétude, fut
aggravé par la rupture d'une artère ; elle ne se re-
mit jamais.

« Comment vous trouvez-vous? » lui demanda un
matin lady Anne, qui était assise auprès du lit de
son amie.

« Je vais bien, — tout est bien, — bien pour toujours! » telle fut la réponse triomphante de cette fidèle chrétienne ; « de quelque côté que je tourne mes yeux, soit que je vive, soit que je meure, je ne vois que victoire... »

Au milieu de la faiblesse et de la souffrance, qu'est-ce qui aurait pu dicter de semblables paroles, si ce n'est la foi?

Sa maladie commença en novembre; *la corde d'argent* se rompit doucement, car elle languit jusqu'au mois de juin. Comme son Sauveur, elle apprit l'obéissance par les choses qu'elle eut à souffrir (1).

Souvent elle disait : « Je suis bercée dans les bras de l'amour et de la miséricorde. Je soupire après ma patrie; mon œuvre est achevée; je n'ai plus rien à faire que d'aller vers mon Père céleste. »

Quelques heures avant la dernière lutte, elle murmura d'une voix qui révélait sa joie intérieure : « J'irai ce soir vers mon Père; » et en effet, elle fut recueillie auprès de son Dieu ce jour-là même, 19 juin 1791. Son corps fut déposé dans le tombeau

(1) Héb., V, 8.

de sa famille, à Ashby de la Zouch, et son nom brille maintenant à côté de celui des Maries et des Marthes de l'Eglise de Dieu.

Berridge, Romaine et Venn approchaient aussi du terme de leur carrière terrestre. Ce fut cette année-là que le pasteur de Yelling prêcha à Londres pour la dernière fois : « J'ai pris congé de la chapelle de Surrey, écrivait-il à cette occasion en prêchant devant une foule immense sur ce texte : *Retenons constamment la profession de notre espérance, sans varier; car celui qui a fait les promesses est fidèle* (1). Mon œuvre est presque terminée. »

Peu après, accompagné de deux de ses enfants, il visita le vénérable pasteur d'Everton, « le cher » frère Berridge, dont la vue, nous dit-il, est très-» obscurcie; il n'entend presque plus et ses facultés » s'affaiblissent rapidement ; mais à mesure que » l'homme extérieur se détruit, il est réjouissant de » voir la joie qui illumine sa physionomie et l'espé-» rance vive avec laquelle il attend le jour de son » départ. Mes enfants et moi nous avons été très-

(2) Héb., X, 23.

» émus de l'entendre l'autre jour se recommander à
» Dieu dans sa prière comme étant incapable de lire,
» d'entendre ou de faire quoi que ce soit de lui-
» même ; puis s'écrier : « Mais, Seigneur, j'ai ta
» présence et ton amour, et cela me suffit. »

La fortune considérable de Berridge était en
grande partie dépensée, vers la fin de sa vie, à tel
point qu'il fut obligé de demander des secours pour
continuer à payer les pasteurs qu'il entretenait à
ses frais et les granges qui leur servaient de temples. Lui-même n'abandonna jamais son champ de
travail ; tant qu'il eut un reste de force, il continua à visiter la capitale une fois par an. Il mon-
tait d'un pas chancelant dans les chaires du Tabernacle et de Surrey ; la brusque franchise de son
caractère, l'austère sainteté de sa vie lui attiraient
la vénération de tous les chrétiens, tandis que les
étrangers se montraient désireux d'entendre celui
dont les paroles et les actions excentriques avaient
fait tant de bruit par toute l'Angleterre. On l'attendait encore à Londres pour prêcher, lorsqu'on apprit
sa mort, en 1795. Il était âgé de soixante-dix ans.

Prenons également congé de Romaine. On a dit,

avec raison, que le ciel est le sujet principal de ses
discours, et il fait maintenant l'heureuse expérience
que ce dont il a si souvent entretenu ses auditeurs
est une précieuse réalité. C'est un vieillard enjoué et
agréable. Semblable à un diamant brut, son caractère avait autrefois de nombreuses aspérités ; mais
le frottement de la vie, en polissant l'extérieur, a
mis à découvert un lustre caché, en sorte qu'en
avançant en âge ses vertus brillent d'une beauté plus
douce et plus sereine.

Romaine, en bon et fidèle soldat de Jésus-Christ,
continua jusqu'au terme de sa course ses tournées
d'évangélisation ; l'hiver, il demeurait dans sa paroisse
roisse de Londres ; l'été, il visitait les villes et les
villages témoins de ses premiers succès, et enrichis
des trophées de son zèle et de sa fidélité. Ses forces
diminuèrent graduellement. La dernière année de sa
vie, lorsqu'on lui demandait comment il allait, il
avait coutume de répondre : « Aussi bien qu'il est
possible, tant que je ne serai pas au ciel. » Enfin,
après une maladie de sept semaines, il mourut en
1795, à l'âge de quatre-vingt-un ans. Les dernières
paroles qui s'échappèrent de ses lèvres furent celles-

ci : « Saint, saint, saint ! Divin Jésus, qu'à toi soit
la louange d'éternité en éternité ! »

A cette époque, Venn écrivait : « Je suis si in-
» firme que je ne puis pas même prier avec ma pro-
» pre famille; quoi qu'il en soit, Celui qui m'a
» aimé, m'aimera jusqu'à la fin. » Et dans un sentiment de tendre sollicitude pour ses enfants dans
la foi, il ajoute : « Je ne désire plus qu'une seule
» chose avec ardeur, c'est que pour l'amour des
» milliers d'âmes auxquelles j'ai prêché les insonda-
» bles richesses de Christ, je puisse, à l'heure de la
» mort, voir le ciel ouvert et mon Sauveur qui a été
» crucifié pour moi regardant avec amour mon âme
» coupable. »

Sa femme mourut un an avant lui, et tous ses
enfants se marièrent, à l'exception d'une de ses filles,
qui l'entoura de soins tendres et dévoués. Peu de
temps avant sa mort, Venn quitta la cure de Yelling
et vint demeurer avec son fils qui était pasteur à
Clapham. On assure que l'approche de son déloge-
ment lui causa une telle joie que sa vie en fut pro-
longée. Un jour qu'il constatait en lui les signes certains de sa mort prochaine, on l'entendit prononcer

ces mots : « Assurément, voilà de bien bons symptômes. » — « Monsieur, observa son médecin, vous
ne pouvez pas mourir dans cet état d'excitation
joyeuse. » — Et en effet, Venn ne devait pas mourir;
il ne mourra jamais; et quoiqu'il ait quitté cette
terre en 1797, à l'âge de soixante-treize ans, pour
entrer dans ce séjour de bonheur dont les avant-
goûts avaient, pendant son pèlerinage terrestre,
réjoui, consolé et souvent même transporté son âme,
il vit et parle encore à l'Eglise de Dieu par son souvenir et par son exemple.

Après avoir contemplé ces lits de mort rendus
calmes et joyeux par une foi vive au Sauveur-cruci-
fié, qui de nous n'est tenté de s'écrier : « Que ma
fin soit semblable à celle de ces justes? » Mais si
nous désirons qu'il en soit ainsi, demandons-nous
premièrement si, comme eux, nous sommes disposés à fuir la colère à venir, à recevoir le salut que
Jésus nous a acquis, et à renoncer à tout pour obtenir la vie éternelle? Les triomphes de la foi, ne l'ou-
blions point, n'appartiennent qu'à ceux qui ont vécu
dans la foi.

Dans son testament, lady Huntingdon légua ses

chapelles, ses maisons, son mobilier et tout ce qui
restait de sa fortune à quatre curateurs : le docteur Haweis et sa femme, lady Anne Erskine, et
M. Lloyd. Elle les engageait, en cas de mort, à nommer des successeurs ; et, dans un codicille, elle
demandait à ses enfants, la comtesse de Moira et
son mari, les seuls qui vécussent encore, d'approuver et de confirmer les dispositions qu'elle avait
faites. Le bail du collège de Trevecca touchant à son
terme, on avait pris, du vivant de la comtesse, les
mesures nécessaires pour transférer cet établissement aux environs de Londres, à Cheshunt, village
situé dans une position délicieuse. Il fut rouvert le
24 août 1792, anniversaire de la dédicace du collège
de Trevecca et de la naissance de son excellente
fondatrice. En prévision de sa mort et de la dimi-
nution des revenus qui devait en résulter, des fonds
avaient été recueillis pour assurer l'avenir du collège,
et la direction en fut confiée à sept curateurs qui
avaient le droit d'admettre ou de refuser les étudiants, ainsi que de nommer ou de renvoyer les
professeurs. Les étudiants étaient élevés et entrete-
nus pendant quatre ans aux frais du collège ; après

avoir terminé leurs études, ils étaient libres d'exercer leur ministère dans telle branche de l'Eglise du
Seigneur qui avait leurs sympathies. Le révérend
Isaac Nicholson, membre de l'Eglise établie, fut
nommé président. — Lorsque les dispositions faites
par lady Huntingdon furent connues, les curateurs
convinrent que lady Anne Erskine, qui avait une
longue habitude des affaires de la comtesse, serait
priée de conserver la surveillance générale de ces
affaires et de se charger de la correspondance, sauf
à rendre compte de l'état des choses à ses collaborateurs toutes les fois qu'ils le jugeraient convenable.

Lady Anne avait hérité des talents de la famille
Erskine. Dès l'âge de huit ans, elle s'était sentie re-
muée dans sa conscience par le Saint-Esprit; malgré cet appel de la grâce divine, elle passa sa jeunesse au milieu des amusements à la mode; mais
une intimité qui s'établit entre elle et la famille
Hill ranima ses sentiments religieux et la conduisit
à la recherche sérieuse des vérités éternelles. Plus
tard, elle rencontra à Bath lady Huntingdon, dont
les conversations et l'exemple fortifièrent sa foi; elle
abandonna alors pour jamais les pompes et les vani-

tés du monde, et se consacra sans réserve au service de son Rédempteur. Ayant le même but et les
mêmes principes, la comtesse éprouva bientôt une
grande affection pour lady. Anne, si bien qu'elle
finit par l'engager à venir habiter chez elle. Là,
elle trouva un ample aliment à son désir d'être utile.
Mais ce fut surtout pendant les douze années qui
suivirent la mort de la comtesse qu'elle s'occupa de
l'œuvre de Dieu avec un zèle infatigable. Elle entretenait une correspondance très-étendue, et sa chambre était presque toujours pleine de visiteurs qui
venaient lui rendre compte de ce qu'ils avaient fait
ou qui demandaient de nouvelles directions. Elle
profitait de toutes les occasions qui lui étaient offer-
tes de parler du Seigneur avec les amis qui venaient
la voir, surtout avec les jeunes gens. Il était évident
qu'elle trouvait son plaisir aussi bien que son devoir
dans l'accomplissement de sa vocation, et qu'elle
s'acquittait de sa tâche *comme devant en rendre
compte au pasteur et à l'Evêque de nos âmes.*

A la mort de lady Huntingdon, les ressources de
lady Anne furent bien réduites; mais elle savait *en
qui elle avait cru*, et sa foi fut souvent encouragée

par des dons inattendus au moment de la plus
grande détresse. Une dame laissa un jour une lettre
sur la table de lady Anne ; celle-ci la lui renvoya
immédiatement ; mais la dame la pria de la garder,
et lady Anne, en l'ouvrant, y trouva cinq billets de
banque de 2,500 fr. chacun. « J'ai eu un héritage,
» lui écrivait la dame, et je désire en offrir les pré-
» mices au Seigneur. Je vous donne cet argent pour
» vous fortifier dans la cause de Dieu. »

A ce sujet, lady Anne raconte ce qui suit :

« Il ne me restait pas une seule pièce d'argent ;
» une demande m'avait été adressée en faveur d'une
» chapelle ; j'avais été obligée de refuser ; mais aus-
» sitôt que j'eus reçu cette somme, j'accordai le
» secours demandé. »

Lady Anne survécut douze ans à son amie, et un
matin, après une indisposition de quelques semaines, elle fut trouvée endormie en Jésus.

Avant de terminer, jetons un dernier et rapide
coup-d'œil sur les faits remarquables que nous venons de décrire.

Isaac Taylor a dit dans un ouvrage du plus haut
intérêt : « Il nous importe peu maintenant que les

chapelles de lady Huntingdon aient été plus ou moins nombreuses; mais ce que nous tenons à constater, c'est que la piété évangélique du temps actuel a pris naissance dans ses salons, ou, pour mieux dire, dans le cercle de chrétiens dont elle était le centre et dont sa maison était le point de ralliement. »

C'est surtout l'Eglise anglicane qui a profité du rafraîchissement religieux répandu par lady Huntingdon et ses amis. Outre les pasteurs éminents appartenant à cette Eglise que nous avons déjà nommés dans le cours de ce récit, nous en trouvons d'autres non moins remarquables dont les noms se rattachent aussi à cet admirable réveil; nous citerons, par exemple, Fletcher, Newton, Scott, Milner, Toplady, Walker et Shirley. Lady Huntingdon réunit autour d'elle ces serviteurs de Dieu ; elle aida, et, en quelque sorte, dirigea leurs travaux.

A notre avis, un des enseignements les plus saisissants que nous donne ce grand réveil, c'est la ressemblance qui existe entre tous les véritables chrétiens. C'est là une de ces anciennes vérités qui devraient toujours nous apparaître avec une beauté nouvelle, mais que l'on a cependant besoin de sou-

vent nous rappeler. Dans le grand drame auquel
nous venons d'assister, nous avons vu des dissidents,
des épiscopaux, des congréganistes, des méthodistes, des arminiens, des calvinistes, paraître tour-à-
tour sur la scène. Ils étaient connus dans le monde
sous des dénominations différentes, et néanmoins ils
portaient tous l'image de leur commun Maître; ils
possédaient les traits caractéristiques qui doivent
distinguer le peuple élu, le véritable Israël. Toutes
les considérations secondaires étaient mises de côté
par eux, et ils s'accordaient tous sur *la seule chose
nécessaire* : vivre et travailler pour Jésus-Christ
leur Sauveur. « Je suis au Seigneur, » tel était le
mobile qui non-seulement les élevait au-dessus des
découragements inévitables de la vie, mais encore qui
les soutenait à travers les épreuves, les renoncements
et les obstacles dans la poursuite des biens éternels
et invisibles. Et ces principes ne leur donnèrent pas
seulement un esprit d'ardeur extraordinaire pour
marcher à la conquête des âmes ; il les anima aussi
d'un esprit de charité cordiale et réciproque qui
ne connaissait ni esprit de parti ni préjugés natio-
naux. On pouvait dire avec vérité que les disciples

du Seigneur se reconnaissaient *en ce qu'ils avaient de l'amour les uns pour les autres.* L'ancien et le nouveau monde s'unirent en quelque sorte par une étreinte fraternelle. — Oh ! quand viendra l'heureux temps où le peuple de Dieu vivra de nouveau de cette vie glorieuse, où *les langues séparées* d'une autre Pentecôte ranimeront le zèle des croyants, en sorte qu'ils *annonceront les choses magnifiques de Dieu ?* Que l'Eglise de Jésus-Christ tout entière demande à Dieu du fond du cœur un nouveau baptême du Saint-Esprit !

FIN.

14

TABLE DES MATIÈRES.